Extreme Programming planen

Programmer's Choice

Kent Beck
Martin Fowler

Extreme Programming planen

An imprint of Pearson Education

München • Boston • San Francisco • Harlow, England
Don Mills, Ontario • Sydney • Mexico City
Madrid • Amsterdam

Die Deutsche Bibliothek – CIP-Einheitsaufnahme

Ein Titeldatensatz für diese Publikation ist bei
Der Deutschen Bibliothek erhältlich.

Umwelthinweis:
Dieses Buch wurde auf chlorfrei gebleichtem Papier gedruckt.
Die Einschrumpffolie – zum Schutz vor Verschmutzung – ist aus umweltverträglichem und recyclingfähigem PE-Material.

Die amerikanische Originalausgabe ist erschienen bei Addison-Wesley USA
unter dem Titel »Planning Extreme Programming«, ISBN 0-201-71091-9

5 4 3 2 1

05 04 03 02 01

ISBN 3-8273-1832-7

ein Imprint der Pearson Education Deutschland GmbH,
Martin-Kollar-Str. 10-12, D-81829 München/Germany

Einbandgestaltung: Christine Rechl, München
Titelbild: Acer rufinerve, Rotnerviger Ahorn.
© Karl Blossfeldt Archiv – Ann und Jürgen Wilde, Zülpich/VG Bild – Kunst Bonn, 2001.
Übersetzung: G&U Technische Dokumentation GmbH, Flensburg
Lektorat: Martin Asbach, masbach@pearson.de
Fachlektorat: Frank Westphal, Hamburg
Herstellung: Monika Weiher, mweiher@pearson.de
Satz: reemers publishing services gmbh, Krefeld, www.reemers.de
Druck und Verarbeitung: Bercker Graphischer Betrieb, Kevelaer
Printed in Germany

Inhaltsverzeichnis

Danksagungen

Vielen Dank an unsere Testleser: Mark Windholtz, Ralph Johnson, Onkel Bob Martin, John Brewer, Phil Goodwin, Jean-Marc Heneman, Erik Meade, Alan Francis, Josu Oyanguren, Jim Stearns, Joel Jones, Bill Caputo, Randy Coulman, Andrew Nielsen, Brian Button, Don Wells, Gary Clayburg, James Goebel, Paul Sinnett, Bill deHora, Andreas Stankewitz, Frank Westphal, Georg Tuparev, Stuart Donovan, Joi Ellis, Alistair Cockburn, Matt Simons, Rob Mee und Joshua Kerievsky.

Kent würde gerne Cindee, Bethany, Lincoln, Lindsey, Forrest und Joëlle dafür danken, dass sie ihre Zeit geopfert haben. Auch war es die pure Freude, die ich während einer langen Zeit hatte, meinem brillanten Co-Autor Martin beim Umschiffen von Klippen zuzuschauen.

Martin möchte seinen Kollegen bei ThoughtWorks dafür danken, dass sie viele dieser Ideen probiert und vorwärts gebracht und ihm die Zeit gegeben haben, dieses Buch zu schreiben. Aber ganz besonders möchte er Cindy aus mehr Gründen danken, als dieses Buch fassen könnte.

Zusammen möchten wir uns bei unserem Herausgeber Mike Hendrickson und verschiedenen Mitarbeitern von Addison-Wesley Longman, Heather Peterson, Heather Olszyk, Mike Guzikowski und Tyrrell Albaugh, bedanken.

Vielen Dank an Bob Coe und Ron Jeffries, weil sie uns vertraut haben und darüber hinaus gegangen sind.

Unser größter Dank geht an Robert Cecil »Onkel Bob« Martin. Sie werden viele seiner Worte und Gedanken auf diesen Seiten finden.

Vorwort

Carl von Clausewitz schreibt in seinem Buch *Vom Kriege*, dass die Geschichte des Krieges ein Pendel sei, das zwischen den relativen Vorteilen der Panzerung und der Mobilität hin und her schwingt. Den *Rittern* in ihren schimmernden Rüstungen war es möglich, jeden ungepanzerten Ritter zu dominieren. Aber sie waren für die schnellen, nahezu unbekleideten berittenen Kämpfer, die mit Dschingis Khan und seinen Mongolen durch die Lande zogen, keine Herausforderung. Die leichte Kavallerie hingegen war verloren, als Panzer aufkamen, und diese wiederum waren für die leichtfüßigen palästinensischen Jugendlichen mit Sagger-Raketen leichte Beute. Mit der Maginot-Linie spekulierten die Franzosen darauf, dass das Pendel wieder auf die Seite der Panzerung geschwungen war. Das war aber nicht der Fall, denn die Deutschen umgingen sie einfach.

Im Bereich der Informationstechnik (IT) kommen wir gerade aus einer Zeit heraus, in der die Panzerung (der Prozess) der König gewesen ist. Nun begeben wir uns in eine Zeit, in der nur Mobilität zählt. Ein Produkt auf die richtige Weise herzustellen, *klingt* immer noch wie ein löbliches Ziel, aber – wenn wir ehrlich sind – zählt heutzutage wirklich nur, es *schnell* herzustellen. Weil wir in unserem Gebiet vernarrt in Prozesse sind, haben wir auf diese neue Herausforderung für gewöhnlich so reagiert wie auf die, denen wir uns in den 80er und 90er Jahren gegenüber sahen. Wir haben gefragt: »Was sollen wir unserem Prozess hinzufügen, um mit dieser neuen Situation fertig zu werden?« Keine Antwort auf diese Frage wird aber richtig sein, denn die Frage selbst ist falsch.

Was die Herausforderung der neuen Mobilität erfordert, ist, dass wir den Prozess *verkleinern*: Wir müssen schlanker werden.

»Schlanker werden« bedeutet mehr, als nur einen schweren Prozess und die damit verbundenen Berge an Dokumentation aufzugeben. Es bedeutet, in Menschen zu investieren, so dass sie schnell und wirksam arbeiten, ohne einen formellen Prozess und ohne Tonnen von Papier zu produzieren. Niemand hat eine bessere Vision, wie dies zu bewerkstelligen ist, als Kent Beck und Martin Fowler.

Die XP-Bewegung, die diese beiden gegründet haben, ist eine Möglichkeit, IT-Projekte schlank und schnell zu machen. Die Prinzipien von XP sind nicht nur wieder eine neue Methodik oder ein neuer Prozess, sondern das genaue Gegenteil eines Prozesses. Sie sind ein Weg, um Prozesse bedeutungslos zu machen.

Da XP-Projekte vollkommen verschieden sind, ist es wahrscheinlich verständlich, dass ihre Leitung ebenfalls unterschiedlich verläuft. *Extreme Programming planen* konzentriert sich darauf, wie eine Mannschaft von XP-befähigten Entwicklern am besten zu leiten ist. Becks und Fowlers Vorgaben sind oft ironisch, manchmal weise und nahezu immer aufs Ziel gerichtet.

XP ist der wichtigste aktuelle Trend auf unserem Gebiet. Ich sage vorher, dass es für die gegenwärtige Generation genauso unerlässlich sein wird wie das SEI und sein Capability Maturity Model (CMM) für die letzte war.

Tom DeMarco

Camden, Maine

Einleitung

Dies ist ein Buch darüber, wie man Softwareprojekte plant. Wir schreiben es hauptsächlich für Projektleiter – d.h. für diejenigen, die planen und die Dinge in Gang bringen. Wir schreiben es auch für Programmierer und Kunden, die eine entscheidende Rolle in der Planung und Entwicklung von Software spielen.

In der Planung geht es nicht darum, die Zukunft vorherzusagen. Wenn Sie einen Plan zur Entwicklung einer bestimmten Software erstellen, wird diese nicht wie geplant verlaufen. Nie. Ihre Kunden wären nicht einmal erfreut, wenn sie so verlaufen würde, weil die Kunden zu dem Zeitpunkt, an dem sie die Software bekommen, nicht mehr das wollen, was geplant war, sondern etwas anderes.

Wie viele andere auch mögen wir das Zitat von Eisenhower: »Während den Vorbereitungen zu Schlachten habe ich Pläne stets für unnötig gehalten, aber Planung ist unersetzlich.«[1] Dies ist der Grund, warum dies kein Buch über Pläne ist und statt dessen Planung im Mittelpunkt steht. Und Planung ist so wertvoll und wichtig, so unerlässlich, dass sie es verdient, jeden Tag etwas weiter vorangetrieben zu werden, so lange die Entwicklung andauert.

Wenn Sie die Ratschläge in diesem Buch befolgen, werden Sie jeden Tag ein neues Problem zu lösen haben – Planung –, aber wir werden deswegen nicht um Verzeihung bitten, weil ohne Softwareentwicklung Planung zwangsläufig zum Scheitern verurteilt ist.

Der Rahmen dieses Buches ist bewusst eng gehalten. Es beinhaltet, wie man Softwareentwicklung für XP-Projekte plant und verfolgt, und basiert auf unseren Erfahrungen als Berater und Trainer, gepaart mit der Erfahrung der wachsenden Schar derjenigen, die XP früh umsetzten und nun benutzen.

Daraus resultiert, dass dies kein Buch über die gesamte Projektleitung ist. Wir befassen uns nicht mit den typischen Aufgaben eines Projektleiters wie z.B. Personalbeurteilung, -einstellung und Kalkulation und kümmern uns weder um die Probleme großer Projekte mit einer Unmenge von Entwicklern noch verraten wir

1. Richard Nixon, *Six Crises* (New York: Touchstone Press, 1990).

irgendetwas über die Planung im Kontext anderer Softwareprozesse oder gar die Planung anderer Aktivitäten. Wir sind der Meinung, dass es hier Prinzipien und Techniken gibt, die jeder benutzen kann, aber wir haben uns auf die Teile des Prozesses konzentriert, die wir kennen – jeden innerhalb eines Teams in eine Richtung lenken, bemerken, wenn dies nicht mehr der Fall ist, und die Harmonie wiederherstellen.

XP (Extreme Programming) ist ein System von Praktiken (Sie können das Wort mit dem »M« benutzen, wenn Sie wollen; wir würden es lieber nicht – Danke für Ihr Verständnis), welches eine Gemeinschaft von Softwareentwicklern weiterentwickelt, um auf die Probleme einzugehen, die ein schnelles Ausliefern von hochqualitativer Software und deren Anpassung an sich ständig ändernde Geschäftsziele mit sich bringt. Zusätzlich ist es dazu gedacht, den Anforderungen eines sich ständig ändernden Geschäftes zu genügen.

XP betrifft nicht nur die Planung. Es deckt alle Aspekte der Softwareentwicklung mit kleinen Teams ab – Design, Testen, Implementierung, Verbreitung und Pflege. Die Planung ist jedoch ein Schlüsselelement des XP-Puzzles. (Für einen Überblick über XP lesen Sie *Extreme Programming [AW, ISBN 3-8273-1709-6]*, und wenn Sie schon dabei sind, kaufen Sie auch den Rest unserer Bücher.)

XP behandelt lange Projekte, indem es sie in eine Reihe von unabhängigen, ein- bis dreiwöchigen Mini-Projekten aufteilt. Innerhalb jeder Iteration

- wählen die Kunden Funktionen aus, die hinzugefügt werden sollen,
- fügen die Programmierer die Funktionen hinzu, so dass sie vollständig einsatzbereit sind,
- schreiben und pflegen die Programmier und Kunden automatisierte Tests, um das Vorhandensein dieser Funktionen zu demonstrieren,
- entwickeln die Programmierer den Entwurf des Systems weiter, um alle Funktionen zufrieden stellend zu unterstützen

Ohne eine sorgfältige Planung fällt der Prozess auseinander.

- Das Team muss die bestmöglichen Funktionen aussuchen, die implementiert werden sollen.
- Das Team muss so positiv wie möglich auf unausweichliche Verzögerungen reagieren.
- Die Mitglieder des Teams dürfen nicht zu viele Aufgaben übernehmen oder sie würden langsamer werden.

- Das Team darf nicht zu wenig Aufgaben übernehmen oder die Kunden bekommen für ihr Geld keinen entsprechenden Gegenwert.
- Die Mitglieder des Teams müssen klar herausfinden, wie weit sie sind, und dies sorgfältig berichten, so dass jeder seine Pläne dementsprechend abstimmen kann.

Die täglichen Planer haben die Aufgabe, dem Team zu helfen, bei all diesen Bereichen am Ball zu bleiben.

Unsere Ideen der Projektplanung sind aus der Notwendigkeit heraus entstanden. Als Berater stellt man uns gewöhnlich Projekten vor, wenn diese schon beinahe gescheitert sind. Die Projekte beinhalten typischerweise keinerlei Planung, oder aber sie gehen in zu viel Planung der falschen Art unter.

Die daraus resultierenden Ideen sind die denkbar einfachsten Planungsideen, die möglicherweise funktionieren. Aber neben all dem denken Sie daran, dass keine Planungstechnik der Welt, diese eingeschlossen, Sie retten kann, wenn Sie vergessen, dass Software von Menschen gemacht wird. Sorgen Sie also dafür, dass die Menschen konzentriert, zufrieden und motiviert sind, und Sie werden die gewünschten Ergebnisse erhalten.

Kent Beck, Merlin, Oregon

Martin Fowler, Melrose, Massachusetts `http://www.martinfowler.com`

Juli 2000

»Ich habe einen raffinierten Plan.«
Baldrick in »Blackadder«

Kapitel 1

Warum planen?

»Die klügsten Pläne von Mäusen und Menschen
schlagen oft die falsche Richtung ein.«
Robert Burns: »To a Mouse«

Wir planen, um sicher zu gehen, dass wir immer das Wichtigste tun, das zu tun übrig ist, um wirksam mit anderen Menschen zusammenzuarbeiten und um schnell auf unerwartete Vorfälle zu reagieren.

Als Kent ungefähr zehn Jahre alt war, ging er das erste Mal zum Fliegenfischen. Nach einem ergebnislosen, schweißtreibenden Tag auf der Jagd nach der Bachforelle begaben sich seine Freunde und er auf den Heimweg. Nach einer halben Stunde des Herumirrens durch die dichten Bäume erkannten sie, dass sie sich verlaufen hatten. Kent begann, in Panik zu geraten – schnelles Atmen, Tunnelblick, Zittern. Dann schlug jemand einen Plan vor – sie würden bergauf laufen bis sie auf eine Holzfällerstraße stießen, von der sie wussten, dass sie irgendwo da oben war. Augenblicklich verschwand die Panik.

Kent war zu dem Zeitpunkt von der Bedeutung angetan, einen Plan zu haben. Ohne den Plan war er im Begriff, etwas Dummes zu tun oder einfach nur panisch zu werden. Mit dem Plan war er wieder ruhig.

Pläne in der Softwareentwicklung funktionieren genauso. Wenn Sie wissen, dass Sie einen engen Abgabetermin haben, Sie aber einen Plan erstellen und dieser Ihnen zeigt, dass Sie den Termin einhalten können, werden Sie Ihre erste Aufgabe mit einem Eindruck von Dringlichkeit beginnen, aber Sie werden so gut arbeiten wie nur möglich. Immerhin haben Sie genug Zeit. Dies ist genau das Verhalten, das es höchstwahrscheinlich ermöglichen wird, den Plan in die Tat umzusetzen. Panik führt zu Ermüdung, Fehlern und dem Zusammenbruch der Kommunikation.

Aber wir haben auch gesehen, dass Pläne zu Schwierigkeiten führen können. Sie können eine große Zeitfalle darstellen und Menschen Tage kosten, an denen sie eigentlich etwas Produktiveres machen könnten. Pläne können als Stöcke benutzt werden, um Menschen damit zu schlagen, und sie können schlimmstenfalls Schwierigkeiten verdecken, bis es zu spät ist, mit diesen umzugehen.

Warum wir planen sollen

Wir planen nicht, um die Zukunft vorherzusagen. Geschäft und Software verändern sich zu schnell, als dass eine Vorhersage möglich sein könnte. Wenn sich gar vorhersagen ließe, was wir in drei Jahren benötigen werden, wäre dies immer noch nicht notwendigerweise hilfreich, da wir in der Zeit von heute bis dann so viele verschiedene Dinge benötigen.

Je offensichtlicher es ist, dass Sie etwas unternehmen sollten, desto wichtiger ist es, nach dem Grund zu fragen. Sie müssen einige Planungen anstellen, wenn Sie ein ernsthaftes Softwareentwicklungsprojekt angehen. Bevor Sie mit der Planung eines Projektes beginnen, müssen Sie verstehen, warum Sie es durchführen sollen. Wie wollen Sie sagen können, ob Sie erfolgreich waren, wenn Sie nicht wissen, warum Sie das Projekt benötigen?

Wir planen aus folgenden Gründen:

- Wir müssen sichergehen, dass wir immer an dem Wichtigsten arbeiten, das wir benötigen.
- Wir müssen die Zusammenarbeit mit anderen Menschen koordinieren.
- Falls sich unerwartete Vorfälle ereignen, müssen wir die Folgen kennen, die daraus für die ersten zwei Punkte erwachsen.

Der erste Grund ist für die Planung offensichtlich. Es gibt nichts Frustrierenderes, als hart an einem Teil des Systems zu arbeiten, nur um dann herauszufinden, dass dieser eigentlich unwichtig ist und in der nächsten Version wegfallen wird. Die Zeit, die man mit einer Sache verbringt, ist die Zeit, die man mit einer anderen nicht verbringen kann, und wenn dieses andere wichtig ist, könnten wir versagen.

Nehmen wir an, es ist 14 Uhr und wir befinden uns in Boston. Wir wollen nach Acadia fahren, aber wir würden auch gerne zum Friseur gehen und einen Zwischenstop in Freeport machen, um dort Campingutensilien zu kaufen. Als wir das letzte Mal nach Acadia fuhren, hatte es ohne Zwischenstopps fünf Stunden gedauert. Wir haben also verschiedene Möglichkeiten. Wenn wir schnurstracks nach Acadia fahren, können wir um 19 Uhr dort sein. Wenn wir unterwegs etwas essen wollen und dafür zum Beispiel eine Stunde veranschlagen, werden wir um 20 Uhr dort sein. Für den Friseurbesuch würden wir eine weitere Stunde brauchen, so dass es damit 21 Uhr werden würde. Der Besuch von Freeport würde noch eine Stunde hinzufügen. Nun betrachten wir, was uns am wichtigsten ist. Wenn wir satt sein wollen, ausgerüstet, nicht zu spät und uns unser Aussehen weniger wichtig ist, würden wir uns wahrscheinlich dafür entscheiden, den Haarschnitt ausfallen zu lassen. Ein Plan hilft uns, unsere Möglichkeiten zu sehen.

Koordination ist der Grund, warum jeder andere will, dass wir planen. Wir bekommen einen Anruf von unseren Frauen, dass wir uns in Bar Harbor zum Abendessen treffen. Da es 14 Uhr ist, wissen wir, dass wir sie treffen können, wenn wir direkt hochfahren, in Freeport halten und um ca. 20 Uhr dort sind. Software erfordert solch eine Koordination zuhauf: Marketing-Aktionen, finanzielle Dinge oder Versprechungen durch das Management. Planung ermöglicht es uns, einen Eindruck zu bekommen, was vernünftig ist.

Aber die Planung ist nur so gut wie die Schätzungen, auf denen die Pläne basieren, und Schätzungen kommen in ihrer Bedeutung gleich hinter den Tatsachen. Wenn wir in einen langen Stau geraten, kann uns keine Planung der Welt helfen, jene Verabredung zum Abendessen einzuhalten. Die Realität hat diese schreckliche Eigenschaft, Pläne zu zerstören, wie Robert Burns in dem Zitat am Anfang dieses Kapitels bemerkte.

Die Planung ist jedoch weiterhin hilfreich, wenn die wirkliche Welt sich einmischt, weil sie es uns erlaubt, die Auswirkungen des unerwarteten Vorfalls zu bedenken. Nachdem wir um 14 Uhr losgefahren sind, geraten wir in ungünstigen Verkehr und werden Portland nicht vor 17 Uhr erreichen. Wir wissen, dass wir gewöhnlich in anderthalb Stunden dort ankommen, so dass unsere Erfahrung (und unser Plan) uns sagt, dass wir unsere Freunde anrufen, um das Abendessen auf 20.30 Uhr zu verschieben, und den Zwischenstop in Freeport ausfallen lassen. Planung gestattet uns, unsere eigenen Handlungen anzupassen und uns mit anderen Personen abzustimmen. Der Schlüssel ist, sobald wir die Auswirkung eines Vorfalls kennen, den Plan darauf einzustellen. Unsere Frauen würden viel lieber schon um 17 Uhr als um 20 Uhr wissen, dass wir uns verspäten werden. Auch wäre es wirklich ärgerlich, Zeit in Freeport zu verschwenden, nur um dann später zu erkennen, dass wir tatsächlich das Abendessen mit unseren Frauen verpasst haben. (An die Folgen dieser Sache wollen wir nicht einmal denken; im Vergleich dazu sind Softwarefehler das kleinere Übel.)

Was wir zum Planen brauchen

Planung ist etwas, das Menschen in verschiedenem Maße machen. Sie planen vielleicht Ihre Tagesaktivitäten. Das Team plant seine Aufgaben für einige Wochen. In den Bereichen Entwicklung und Geschäft wird ein Plan für das nächste Jahr erstellt. Leitende Manager entwickeln Pläne für eine große Organisation. Wenn Sie von Boston nach Acadia fahren, werden Sie nicht jede einzelne Kurve auf dem Weg bedenken, aber Sie werden wissen wollen, welche Straßen Sie benutzen und wann Sie von welcher auf welche wechseln sollten. Sie erwarten nicht, auf die Minute genau anzukommen, aber wir wissen, dass es eine gewisse Grenze der Verspätung gibt, die einen entschuldigenden Anruf erfordert.

Um die Abläufe koordinieren zu können, ist es unerlässlich, einen Eindruck davon zu haben, wie weit Sie in dem Plan fortgeschritten sind. Auf einer Autofahrt ist dies relativ einfach. Sie zählen die Kilometer, betrachten das Aussehen der Strecke und erstellen einen groben Plan, der auffällige Merkmale auf dem Weg beinhaltet. Wenn Sie erst sehr spät in Portland ankommen, können Sie einfach absehen und somit schätzen, wie spät Sie in Bar Harbor sein werden. Die virtuelle Natur von Software wiederum torpediert dieses Eigenschaft. Angesichts der vielen Freiheiten kann es sehr schwierig sein, herauszufinden, ob Sie 70 % oder 30 % der Arbeit erledigt haben. Es ist wie eine Autofahrt, bei der Sie nicht wissen, ob Sie 30 oder 300 Kilometer weit gekommen sind. Ohne jeglichen Bezugsrahmen fühlen Sie sich sehr unwohl. Wenn die Person, mit der Sie zum Abendessen verabredet sind, nicht weiß, wo genau Sie sind, und es später wird, wird auch sie sich unwohl fühlen.

Jedwede Technik der Softwareplanung muss versuchen, Transparenz zu schaffen, so dass jeder Beteiligte wirklich sehen kann, wie weit das Projekt fortgeschritten ist. Das bedeutet, dass Sie erkennbare Meilensteine benötigen, die nicht umgangen werden können und die klare Fortschritte darstellen. Außerdem müssen diese Meilensteine so beschaffen sein, dass jeder, der in das Projekt involviert ist, der Kunde eingeschlossen, sie verstehen und Vertrauen in sie fassen kann.

Pläne sind dazu da, einen wahrscheinlichen Verlauf von Ereignissen und die Folgen der unausweichlichen Veränderungen herauszufinden. Wir brauchen verschiedene Pläne von verschiedenem Umfang. Jedoch müssen Pläne sowohl einfach zu erstellen als auch einfach zu aktualisieren sein. Große und komplexe

Pläne sind nicht hilfreich, da ihre Erstellung und Pflege zu viel kosten. Weil Pläne Koordination beinhalten, müssen sie für jeden, der von ihnen betroffen ist, verständlich sein – ein weiterer Grund für Einfachheit.

Pläne müssen ehrlich sein und alle Informationen enthalten, die Ihnen aktuell zur Verfügung stehen. Sie sollten es für jeden schwierig machen, von Statusberichten, die nichts mit der Wirklichkeit zu tun haben, getäuscht zu werden.

Die Planungsfalle

Es ist der vorhergehende Abschnitt, der uns einen Hinweis darauf gibt, warum das Planen eine Falle sein kann. Dies ist der Fall, weil es einen anderen Grund gibt, warum Menschen planen: um zu zeigen, dass sie die Kontrolle über den Gang der Dinge haben.

Das Kontrollieren von Ereignissen, ist jedoch ein Widerspruch in sich: Sie können keine Ereignisse, sondern höchstens Ihre Reaktionen darauf kontrollieren. Sogar da ist der Grad der Kontrolle, die Sie haben, aber begrenzt. Ereignisse verändern Pläne. Wenn Sie einmal in den Stau geraten, sind sowohl das Abendessen als auch Freeport betroffen. Sie können nicht einfach mit dem Plan fortfahren und behaupten, dass alles in Ordnung wäre. Das wäre dumm.

Trotzdem haben wir gesehen, dass dies oft genug passiert. Wenn Dinge nicht so laufen wie geplant, befürchtet der Planer, dass man ihn beschuldigen wird. Diese Angst veranlasst ihn zur Aussage, dass der Plan noch gut läuft. Er könnte sich selbst gegenüber zugeben, dass der Plan aus der Bahn geraten ist, aber wenn der Plan kompliziert genug ist, kann er sogar das verheimlichen. Nichts ist wichtiger, als der Außenwelt zu sagen, dass alles nach Plan läuft.

Der Plan weicht von der Wirklichkeit ab, wird zu einer Illusion. Was schlimmer ist, der Planer vergeudet Energie bei dem Versuch, die Illusion aufrechtzuerhalten. Die Entwickler verlieren immer mehr die Motivation. Wenn der Plan nur eine Illusion ist, warum sollte man dann noch versuchen, ihn einzuhalten?

Vielleicht erledigt sich das Projekt am Ende aber auch von selbst. Das kommt vor. Gewöhnlich ist dies der Fall. Vielleicht hat jemand anderes sogar größere Probleme. Öfter passiert es, dass die Kluft zwischen Illusion und Wirklichkeit wächst, bis die Illusion nicht mehr aufrechtzuerhalten ist. Die Angelegenheit wird schlimmer. Der Kunde regt sich auf, weil er eigene Pläne gemacht hat, die auf jener Illusion basierten, und Verpflichtungen eingegangen ist, die nicht einzuhalten sind. Die Programmierer werden wütend, weil sie hart gearbeitet und Ihr Bestes gegeben haben, aber nun angefahren werden, weil sie nicht das Unmögliche ermöglicht und somit die Illusion verwirklicht haben.

Ereignisse geschehen, Pläne ändern sich. Wenn die Dinge scheinbar exakt nach Plan verlaufen, ist dies gewöhnlich ein Hinweis auf Probleme. Das schlimmste, was einem Projekt widerfahren kann, ist die Diskrepanz zwischen Plan und Wirklichkeit. Also tappen Sie nicht in diese Falle. Sorgen Sie dafür, dass Ihre Pläne ehrlich sind, und gehen Sie stets davon aus, dass sie sich ändern.

Kapitel 2

Angst

»Mut! Was kann zum König einen Sklaven heben?
Mut! Was lässt die Fahne auf dem Mast stolz beben?
Mut! Was ist es, das den Elefanten mit dem Stoßzahn stoßen macht,
in Nebel und Dämmer und nächtlicher Nacht?
Was treibt den Biber, dass er seinen Bau bewacht?
Mut! Was macht aus der Sphinx das Wunder Nummer Sieben?
Mut! Was hat die Dämmerung wie Donner hergetrieben?
Mut! Was macht den Heißsporn heiß? Wie kommt der Affe in den Kaffee?
Warum können sie, was ich nicht schaffe?«
Der ängstliche Löwe in »Das wunderbare Land« (»The Wizard of Oz«)

Softwareentwicklung ist riskant. Die beteiligten Menschen haben viele Ängste, was schief gehen könnte. Um wirksam zu entwickeln, müssen wir uns diesen Ängsten stellen.

Warum brauchen wir einen Softwareprozess? Aus dem gleichen Grund, weshalb wir Gesetze, Regierungen und Steuern benötigen: Angst.

Die amerikanische Unabhängigkeitserklärung besagt:

> *Dass unter diesen [Rechten] die auf Leben, Freiheit und dem Streben nach Glück sind. Um diese Rechte zu sichern, werden Regierungen unter Menschen eingerichtet, die ihre unmittelbare Macht aus der Zustimmung der Regierten erhalten.*

Obwohl die Tiefe dieser Worte uns stören mag, beachten Sie das Wort *sichern.* Wir richten Regierungen ein, weil wir Angst davor haben, unsere Rechte zu verlieren.

Ebenso richten wir Softwareprozesse ein, weil wir Angst haben. Kunden verspüren folgende Ängste:

- Sie werden nicht das bekommen, was sie gefordert haben.
- Sie werden das Falsche fordern.
- Sie werden zu viel für das Programm bezahlen.
- Sie müssen die Kontrolle über ihr Leben an Techniker abgeben, die sich nicht darum kümmern.

- Sie werden nie einen sinnvollen Plan sehen.
- Die Pläne, die man ihnen zeigt, werden eher Märchen sein.
- Sie werden nicht wissen, was los ist.
- Sie werden gezwungen sein, bei ihren ersten Entscheidungen zu bleiben, und werden nicht die Möglichkeit haben, auf Veränderungen des Geschäftes zu reagieren.
- Niemand wird ihnen die Wahrheit sagen.

Auch die Entwickler haben Ängste:

- Sie werden mehr tun müssen, als sie können.
- Sie werden Dinge tun müssen, die keinen Sinn haben.
- Sie sind zu dumm.
- Sie arbeiten mit veralteten Technologien.
- Man wird ihnen die Verantwortung, nicht jedoch die nötige Autorität übertragen.
- Man wird ihnen nicht klar vorgeben, was benötigt wird und was nicht.
- Sie werden qualitative Kompromisse eingehen müssen, um sich an Abgabetermine halten zu können.
- Sie werden schwierige Probleme ohne Hilfe lösen müssen.
- Sie werden nicht genug Zeit haben, um erfolgreich zu sein.

Nicht eingestandene Angst ist die Ursache aller Fehler in Softwareprojekten

Wenn diese Ängste nicht auf den Tisch kommen und mit ihnen nicht umgegangen wird, versuchen sowohl die Entwickler als auch der Kunde, sich selbst zu schützen, indem sie sich abschotten. Sie lehnen es ab, wichtige Informationen auszutauschen:

> »Wenn ich den Technikern darüber erzähle, werden sie Monate damit verbringen, mehr darüber heraus zu finden, anstatt das zu machen, was ich brauche.«
>
> »Wenn ich dem Kunden verrate, wie schnell ich das geschafft habe, wird er von mir erwarten, dass ich alles so schnell erledige.«

Beide Seiten übertreiben, erzählen Halbwahrheiten, lügen, vertuschen und arbeiten aneinander vorbei. Sie errichten große, sinnlose, politische und verfahrenstechnische Strukturen, die auf ihren Schutz anstatt auf Erfolg abzielen.

Um erfolgreich zu sein, muss ein Entwicklungsprozess unter Kunden und Entwicklern eingerichtet werden, der gewisse unveräußerliche Rechte sichert.

Die Rechte des Kunden

- Sie haben das Recht auf einen Grundplan, so dass Sie wissen, was bis wann fertig gestellt werden kann und welche Kosten dies mit sich bringt.
- Sie haben das Recht, dass aus jeder Woche Programmierarbeit der maximale Gegenwert herausgeholt wird.
- Sie haben das Recht, Fortschritte in einem laufenden System zu sehen, dessen Funktion anhand von wiederholbaren und von Ihnen festgelegten Tests bewiesen wird.
- Sie haben das Recht, Ihre Meinung zu ändern, Funktionalität zu ersetzen und Prioritäten zu ändern, ohne dass sich zu große Kosten für Sie ergeben.
- Sie haben das Recht, über Veränderungen der Pläne informiert zu werden – und zwar rechtzeitig, damit Sie den Rahmen reduzieren und damit den ursprünglichen Termin einhalten können. Sie können jederzeit die Zusammenarbeit beenden und erhalten für Ihr investiertes Kapital ein sinnvoll funktionierendes System.

Die Rechte des Programmierers

- Sie haben das Recht, die Anforderungen und Prioritäten zu kennen.
- Sie haben das Recht, jederzeit Qualitätsarbeit zu liefern.
- Sie haben das Recht, um Hilfe von Kollegen, Leitern und Kunden zu bitten und diese zu erhalten.
- Sie haben das Recht, Ihre eigenen Schätzungen zu erstellen und diese zu aktualisieren.
- Sie haben das Recht, Ihre Verpflichtungen selbst zu akzeptieren, anstatt sie übertragen zu bekommen.

Wenn wir gut entwickeln wollen, müssen wir eine Kultur haben, die es den Programmierern und Kunden ermöglicht, sich ihren Ängsten zu stellen und ihre Rechte und Pflichten zu akzeptieren. Ohne solche Garantien können wir nicht mutig sein. Wir kauern in Angst hinter Festungswällen, die wir sogar weiter verstärken, indem wir dem Entwicklungsprozess, den wir angenommen haben, noch mehr Gewicht beimessen. Wir fügen kontinuierlich Kanonen und Zinnen, Dokumente und Reviews, Prozeduren und Formalitäten, Burggraben mit Krokodilen, Folterkammern und große Bottiche voll kochenden Öls hinzu.

Aber wenn wir uns unseren Ängsten stellen und unsere Rechte annehmen, können wir mutig sein. Wir können uns Ziele setzen, die schwer zu erreichen sind, und zusammenarbeiten, um sie trotzdem in die Tat umzusetzen. Wir können jene Strukturen einreißen, die wir aus Angst aufgebaut haben und die uns behindern. Wir werden den Mut haben, nur das Nötige zu tun und nichts anderes, um unsere Zeit dem zu widmen, das wichtig ist, anstatt, uns selbst zu beschützen.

Kapitel 3

Software fahren

»Natürlich bin ich ein hervorragender Fahrer.«
Raymond in »Rain Man«

Wir benutzen das »Fahren« als eine Metapher für die Softwareentwicklung. Fahren bedeutet nicht, das Auto in eine Richtung zu lenken und darauf zuzusteuern, sondern es geht darum, viele kleine Richtungsänderungen vorzunehmen.

Die Metapher des Fahrens wurde schon in *Extreme Programming Explained* eingeführt, wegen ihrer großen Bedeutung für XP wollen wir aber noch einmal auf sie zurückkommen. Fall Sie *XPE* gelesen haben, werden Sie dieses Kapitel nur lesen wollen, um zu sehen, ob wir es irgendwie hinbekommen haben, die Geschichte ein bisschen dramatischer zu gestalten.

Es war ein wundervoller, sonniger Tag. Kent und seine Mutter fuhren entlang eines geraden Teilstücks des Interstate 5 nahe Chico. Er war ungefähr zwölf Jahre alt.

»Es wird Zeit, dass du lernst, wie man Auto fährt«, sagte seine Mutter.

»Wirklich?« In Kents Brust brodelte die Aufregung.
»Ja. Ich möchte jetzt, dass du den Wagen gerade zwischen den Streifen hältst«, meinte seine Mutter.

»Das kann ich.«

Kent richtet äußerst vorsichtig den Stern des beigefarbenen Mercedes 240D schnurgerade auf den Horizont ein. Seine Augenbrauen heben sich ein bisschen, da dieses Autofahren doch in Wirklichkeit einfach zu sein scheint. Nach kurzer Zeit bleibt sein Blick an einem Straßenschild haften.

ggggrrrrrrcccchhhh (na, versuchen Sie mal ein Geräusch aufzuschreiben, das Reifen auf Schotter und einen jugendlichen Aufschrei kombiniert). Kents Mund wird ganz trocken, sein Herz beginnt zu pochen.

»Also gut«, sagt seine Mutter, während sie ein Grinsen unterdrückt, »so fährt man kein Auto. Autofahren bedeutet nicht, den Wagen in eine Richtung zu lenken. Es geht darum, ständig kleine Korrekturen durchzuführen. Man lenkt ein bisschen dahin, ein bisschen dorthin. Dahin, dorthin, solange man fährt.«

Sie fahren keine Softwareentwicklung, indem Sie Ihr Projekt in die richtige Richtung lenken (den Plan erstellen). Sie tun es, indem Sie bemerken, dass Sie in eine Richtung abdriften, und in die andere Richtung lenken. Dahin, dorthin, solange Sie die Software entwickeln.

Einmal prägte ein sehr lautstarker XP-Gegner den Ausspruch: »Achtung ... Schießen ... Zielen!« Diese Aussage war klar abwertend. Wie kann man ein Ziel treffen, wenn man nicht zuerst zielt? Der Punkt jedoch ist, dass wir gar nicht vorhaben, ein Ziel zu treffen. Stattdessen versuchen wir, den Nutzen eines Prozesses zu maximieren.

Die Metapher »Fahren« hilft uns ein weiteres Mal. Das Erste, was Sie machen, wenn Sie in den Wagen steigen, ist nicht, am Lenkrad zu drehen, so dass es auf Ihr Ziel zeigt. Ihre erste Handlung ist gewöhnlich, die Zündung zu betätigen. Tatsächlich hat die anfängliche Bewegungsrichtung auch nicht viel mit Ihrem Ziel zu tun, sondern vielmehr mit den örtlichen Gegebenheiten. Sie werden vielleicht aus Ihrer Garage fahren wollen, bevor Sie sich auf den Weg nach Peoria machen. Obwohl Sie möglicherweise ein Ziel im Sinn und eine Route geplant haben, sind diese doch veränderbar. Das Radio könnte Sie vor Staus warnen, was Sie veranlassen würde, Ihre Route zu ändern. Ihr Ehepartner könnte Sie anrufen und bitten, dass Sie etwas Milch kaufen. Dies würde Sie dazu bringen, Ihr Ziel dementsprechend zu modifizieren.

Softwareentwicklung ist ein Prozess. Sie kann gut laufen oder schief gehen. Um sie am Laufen zu halten, müssen wir sie stets lenken. Um sie zu lenken, müssen wir ihre Richtung abschätzen, diese mit unseren Vorstellungen vergleichen und dann vorsichtige Änderungen vornehmen. So kann gute Projektleitung durch diesen Satz charakterisiert werden: »Achtung ... Schießen ... Zielen ... Zielen ... Zielen ... Zielen ... Zielen«

Kapitel 4

Das Gleichgewicht wahren

»Ich möchte Babys haben.«
»Aber du kannst keine Babys haben. Du bist ein Mann.«
»Unterdrücke mich bitte nicht.«
Die Judäische Volksfront in »Das Leben des Brian«

Unser Planungsprozess beruht auf der Trennung der Rollen von Geschäftsleuten und Softwareverantwortlichen. Dies gewährleistet, dass die Geschäftsleute all die Geschäftsentscheidungen und die Softwareverantwortlichen all die Softwareentscheidungen fällen.

Der Schlüssel des Projektmanagements besteht darin, das Gleichgewicht zwischen den Geschäftsleuten und den Programmierern zu wahren. Macht man dies richtig, verfügt das Management des Softwareprojekts über:

- Geschäftsleute, die Geschäftsentscheidungen fällen,
- technisches Personal, das technische Entscheidungen fällt.

Klingt dies nicht wie eine Binsenweisheit? Natürlich fällen Geschäftsleute Geschäftsentscheidungen.

Wie wäre es hiermit?

»Wir denken, dass es sechs Monate dauern wird, dieses System zu entwickeln.«

»Sie haben drei Monate.«

»Was können wir weglassen?«

»Nichts. Es muss alles beinhalten.«

Zu schätzen, wie lange das Programmieren wahrscheinlich dauern wird, ist gänzlich eine technische Entscheidung. Die Programmierer legen ihre Erfahrung in die Waagschale, mischen ihr Verständnis unter, welche Unterschiede das neue System aufweist, und würfeln dann eine Zahl aus. Nein, um ehrlich zu sein, erfolgt dies ein bisschen systematischer (siehe Kapitel 12). Wie schwierig das

Schätzen auch sein mag, die Programmierer können besser raten als irgendjemand sonst. Dementsprechend ist die Schätzung eine technische Entscheidung.

In dem vorherigen Dialog, der aus einem tatsächlichen abgebrochenen Projekt stammt, wurde die Schätzung von einem Geschäftsmann aus geschäftlichen Gründen durchgeführt. Die daraus folgende Annahme, dass die Arbeit drei Monate dauern würde, kann unmöglich besser gewesen sein als die der Programmierer, dass sie sechs Monate bräuchten. Jedoch ging, ohne dass eingegriffen wurde, jeder auf Basis von ungeheuer ungenauen Informationen zum nächsten Schritt der Planung über. Der resultierende Plan, wie preiswert, flexibel und verständlich er auch gewesen sein mag, war, um es einfach auszudrücken, Quatsch.

Wenn auch Geschäftsleute gelegentlich technische Entscheidungen fällen mögen, mischt sich das technische Personal ja wenigstens nicht in Geschäftsentscheidungen ein.

Aha, was ist hiermit?

> »Ich habe zehn Dinge zu erledigen. Ich weiß, dass ich nur fünf davon schaffen werde. Ich werde mich zuerst dieser DCOM/COBRA-Infrastruktur widmen. Das scheint toll zu sein.«

Halt! Es ist eine geschäftliche Entscheidung, die relativen Prioritäten von Funktionen zu bestimmen. Ob ein Merkmal der Benutzerschnittstelle wichtiger ist als eine weitere Berichtsspalte, ist eine Geschäftsentscheidung. Die Geschäftsleute nehmen her, was sie vom Markt wissen, vermischen dies mit ihrer Erfahrung aus ähnlichen Systemen und würfeln dann eine Zahl aus. Nein, um ehrlich zu sein, kann auch dies ein bisschen systematischer verlaufen (manchmal ist es so, manchmal nicht). Wie schwierig die Entscheidung auch sein mag, welche Funktion als Nächstes dran ist, die Geschäftsleute können diese Entscheidung viel eher fällen als die Programmierer.

Geschäftliche Entscheidungen sind:

- Termine
- Umfang
- Prioritäten

Technische Entscheidungen sind:

- Aufwandsschätzungen

Wenn die richtigen Personen die Entscheidungen fällen, wird die Planung so gut wie möglich verlaufen. Wir werden in der Lage sein, mit unseren Unfällen umzugehen. Wir werden dies tun, indem wir die Anzahl dieser Unfälle so weit wie möglich minimieren, mehr über sie herausfinden und möglichst viele Optionen möglichst lange offen lassen.

Das politische Gleichgewicht zu wahren, mag für einen einfachen Projektmanager wie eine große Aufgabe erscheinen. Wenn die Welt dies nach einigen Jahrtausenden gemeinsamer Anstrengung zwischen den Nationen nicht schafft, welche Chance haben dann Sie?

Das Gleichgewicht zu wahren, ist nicht so schlimm, wie es sich anhört. Schaffen Sie eine einfache Sammlung von Regeln, die dafür sorgen, dass das technische Personal die technischen und die Geschäftsleute die geschäftlichen Entscheidungen treffen.

Der Kunde

Wir sprechen in XP viel über den Kunden. Mit *Kunde* meinen wir die Person, die die geschäftlichen Entscheidungen trifft. Oft haben Sie nicht wirklich nur einen einzigen Kunden, sondern Benutzer, Geschäftsleiter, Unternehmen – alle Arten von Personen, die Kunden sind. Wenn Sie Standardsoftware erstellen, können Sie Tausende von Kunden haben. Wenn XP funktionieren soll, muss der Kunde jedoch mit einer einzigen Stimme sprechen. Manche Leute nennen solch ein Wesen Produktmanager oder Herrscher über die Anforderungen. Wir benutzen den Ausdruck *Kunde*, weil es dieser ist, der durch jene Person vertreten wird.

Viele Planungsprozesse betrachten den Kunden als eine Art körperloses Wesen außerhalb der Softwareentwicklung, das Anforderungen zur Verfügung stellt. Sie interpretieren, quälen sich, veranstalten JAD-Sitzungen – aber der Kunde befindet sich außerhalb des Teams.

XP sieht das nicht so. In XP geht die Planung davon aus, dass der Kunde sehr wohl Teil des Teams ist – sogar wenn er für eine andere Firma und der Rest des Teams für einen Auftragnehmer arbeitet. Der Kunde muss Teil des Teams sein, da seine Rolle viel zu wichtig ist, als dass man sie einem Außenseiter überlassen könnte. Jedes (XP-) Projekt wird schief gehen, wenn der Kunde nicht in der Lage ist zu steuern.

Somit stellt die Aufgabe des Kunden eine große Verpflichtung dar. Die besten Talente, Technologien und Prozesse der Welt werden nichts nutzen, wenn der Kunde nicht die Erwartungen erfüllt. Leider ist dies auch eine Rolle, für die wir keine genauen weisen Ratschläge geben können. Immerhin sind wir nur Computertrottel und keine Geschäftsleute. Aber hier ist, was wir sicher wissen.

Einen Kunden finden

Da der Kunde eine solch entscheidende Rolle einnimmt, ist es wichtig, jemanden zu finden, der sie gut spielen wird. Ein guter Kunde

- kennt den Problembereich, da er in ihm arbeitet und auch versteht, wie er funktioniert (das ist nicht immer dasselbe),
- kann mit Hilfe der Entwickler verstehen, wie die Software im Problembereich einen Geschäftswert zur Verfügung stellen kann,
- ist bestimmt, regelmäßig einen Gegenwert abzuliefern, und scheut sich nicht davor, lieber zu wenig als gar nichts abzuliefern,
- kann Entscheidungen fällen, was gerade benötigt wird und was später,
- ist bereit, unmittelbare Verantwortung für den Erfolg oder Misserfolg eines Projekts zu übernehmen.

Verantwortung für den Erfolg oder Misserfolg des Projektes zu übernehmen, scheint der schwierigste Teil der Aufgabe zu sein. Es mag für den Kunden in gewisser Weise angenehm sein, Abstand zum Team zu halten – und zwar am besten hinter einen Berg von Anforderungsdokumenten. In XP wird dies nicht funktionieren. Wenn Sie sich verfahren, ist dies nicht die Schuld des Autos, sondern des Fahrers.

Für einen Kunden ist das kniffligste an XP, sich an den Rhythmus der regelmäßigen Auslieferung zu gewöhnen. Viele Prozesse wollen vom Kunden gleich alles wissen, was er gerne hätte. Statt dessen verlangt der Kunde bei XP nur so viel, dass gerade ein Gegenwert vorhanden ist, und das Team erfüllt diese Vorgabe. Wenn Sie keinen Kunden finden, der auf diese Weise mit Ihnen zusammenarbeiten möchte, sollten Sie sich gar nicht erst auf XP einlassen.

Richtlinien für Kunden

Wenn Sie ein Kunde sind und dies lesen, kommen nun einige wichtige Dinge, die Sie sich merken sollten.

Fragen Sie sich jederzeit: »Was ist die wertvollste Funktion, die wir als Nächstes haben wollen?« Langfristige Planungen können Spaß machen, aber es sind die regelmäßigen, kleinen Lieferungen, die Ihnen das Geld einbringen.

Vertrauen Sie den Schätzungen der Entwickler, denken Sie jedoch daran, dass es nur Schätzungen sind, die sich nicht bewahrheiten werden. Das Abschätzen der Softwareentwicklung ist schwierig; die Entwickler geben ihr Bestes und werden immer besser.

Verschieben Sie niemals einen Termin. Dies ist eine der schlimmsten Gewohnheiten in der Softwareentwicklung. Sie verschieben nur einen oder zwei und kommen davon nach einer Weile nicht mehr los. Es ist nicht gänzlich gegen die Regeln, einen Termin zu verschieben, es ist nur so, dass die XP-Methode erfordert, dass Sie sich jedes Mal, wenn Sie es tun, einen Finger abhacken.

Stellen Sie mit jedem Versionsschritt kleine, wertvolle Funktionalität bereit und geben Sie diese so oft wie möglich an den wirklichen Kunden weiter. Benutzen Sie Ihre Kreativität, um Mittel und Wege zu finden, wie Sie eine große, neue Funktionalität nehmen und in kleine Teile zerlegen können, um fortlaufend weitere Anforderungen bereitzustellen. Wenn Sie regelmäßig genug Versionsschritte ausliefern, werden Sie nicht lange warten müssen, bis Sie mehr von dem bekommen, was Sie haben möchten.

Kapitel 5

Übersichten

Der XP-Prozess beinhaltet Versionsschritte, die wenige Monate erfordern und in zweiwöchige Iterationen unterteilt sind, welche wiederum in Aufgaben zerlegt werden, die wenige Tage beanspruchen. Die Planung reagiert auf die Wirklichkeiten der Entwicklung, indem sie Versionsschritten und Iterationen Geschichten (Ansammlungen von Funktionen) zuweist.

Wir werden XP auf zwei Arten erläutern. Wenn Sie ein Allgemeinverständnis wünschen, bevor Sie ins Detail gehen, lesen Sie den folgenden Abschnitt zuerst. Falls Sie sich zunächst den Details widmen wollen, lesen Sie zuerst den zweiten Teil dieses Kapitels.

Vom Gesamtbild zu den Einzelheiten

Im Frühling säen, im Herbst ernten. Die Welt funktioniert in Kreisläufen. Softwareentwicklung macht hier keine Ausnahme. Die Herausforderung beim Planen besteht darin, dass es zwei Kreisläufe gibt, auf die wir uns einstellen und die wir in Übereinstimmung bringen müssen – der Geschäfts- und der Entwicklungskreislauf.

Der Geschäftskreislauf dreht sich um geschäftliche Aktivitäten:

- Pressebekanntmachungen
- Softwarefreigabe, -herstellung und -installation
- Schulung
- Rechnungsstellung

Früher lief dieser Kreislauf leicht über zwei bis drei Jahre. Neuerdings ist er enorm geschrumpft, da er durch weitläufige Telekommunikation und technische Neuerungen bei der Auslieferung von Software vorangebracht wurde. Dennoch dauert der Geschäftskreislauf immer noch mindestens einige Monate. Wir werden einen dieser ein- bis dreimonatigen Umläufe des Geschäftskarussells einen **Versionsschritt** nennen.

Der Entwicklungskreislauf ist immer kürzer gewesen als der geschäftliche. Die Absicht, die hinter kürzeren Kreisläufen liegt, war, Projekte noch mittendrin korrigieren zu können. Manchmal erforderten die Zwischenlieferungen gewisse Entscheidungen zum Beispiel in den Anforderungs-, Analyse- und Entwurfsdokumenten eines Wasserfallansatzes. Manchmal handelte es sich bei ihnen aber auch um teilweise funktionsfähige Systeme oder Teilsysteme, wie es bei der inkrementellen Entwicklung der Fall ist.

Die Verkürzung des Geschäftskreislaufs erfordert eine ähnliche Verkürzung des Entwicklungskreislaufs. Wenn wir alle paar Monate einen neuen Versionsschritt herausgeben, müssen wir den Entwicklungskreislauf auf nicht mehr als einige Wochen verkleinern, falls wir in der Lage sein wollen, mittendrin Korrekturen vorzunehmen. Wir werden einen dieser ein- bis dreiwöchigen Entwicklungskreisläufe eine **Iteration** nennen.

Das Problem eines Kreislaufes von wenigen Wochen besteht darin, dass es unmöglich ist, irgendetwas innerhalb dieser kurzen Zeit fertig zu stellen. Sie können weder die Analyse abschließen, noch die Infrastruktur aufbauen oder das Rahmenwerk erstellen. Wir müssen einen anderen Maßstab für den Fortschritt finden. Da ja die Kunden für die Software bezahlen, werden wir einen Maßstab benutzen, den diese verstehen – die **Geschichte**. Eine Geschichte steht für eine Funktionalität, die die Kunden in der Software sehen wollen, d.h. für eine Geschichte die sie ihren Freunden über dieses großartige System, dass sie benutzen, gerne erzählen würden.

Damit in eine Iteration ein paar Geschichten passen, müssen diese ziemlich klein sein. Ein Programmierer sollte wenige Tage bis höchstens wenige Wochen benötigen, um eine Geschichte zu implementieren.

Was ist das Ergebnis einer Iteration? Jede Handlung zwischen der Fertigstellung eines Versionsschritts und seiner Auslieferung an den Kunden stellt ein Risiko dar. Wir hassen Risiken. Also muss das Ergebnis einer Iteration ein vollständig getestetes, funktionsfähiges System sein.

Dies mag unmöglich klingen. Aber wenn Sie das erste Mal eine Iteration durchgehen, ist die Zahl der Geschichten klein. Falls ein System klein genug ist, können Sie es innerhalb der Iteration testen und verifizieren. Sollten Sie in eine automatische Verifikation investieren, sind nach der Beendigung der zweiten Iteration die zusätzlichen Kosten für die Verifikation beider Geschichtssammlungen erneut gering. Wenn Sie mit »Ihren Zahlungen niemals in Verzug geraten« und das Ergebnis der jeweiligen Iteration einsatzbereit ist, werden auch die laufenden Kosten zum Erhalten der Funktionsfähigkeit in einem vernünftigen Rahmen bleiben.

Von den Einzelheiten zum Gesamtbild

Was wäre, wenn wir den ganzen Kreislauf der Softwareentwicklung auf eine mikroskopische Größe von z.B. zwei Wochen verkleinerten? Wir müssten immer noch alle Probleme lösen, die wir vorher auch hatten – Spezifikation, Entwurf, Implementation, Testen, Integration, Verbreitung, Schulung, Dokumentation – aber nun hätten wir keine großen, sondern kleine Probleme, und einige davon könnten sogar gänzlich verschwinden.

Die verschiedenen Entwicklungsaktivitäten werden innerhalb unseres kleinen zweiwöchigen Projekts (nennen wir es Iteration, nur um im bekannten Rahmen zu bleiben) nicht in getrennte Phasen unterteilt. Wir werden jeden Tag einen kleinen Teil von jeder dieser Aktivitäten erledigen müssen.

Jede Iteration beinhaltet alle Elemente einer kompletten Entwicklung. Am Ende haben wir eine auslieferbare Software, die weitergegeben werden kann, aber nicht viele und eventuell sogar nur eine Funktion umfasst. Deswegen werden wir eine weitere Iteration durchführen müssen, und eine weitere und noch eine usw. (daher die Bezeichnung, nehmen wir an). Jede Iteration wird einige Funktionen mehr beinhalten.

Noch etwas, und das Bild ist komplett. Einer der Gründe für das Planen besteht darin, dass wir jederzeit an der wichtigsten Sache arbeiten. Wir können nicht zufällig Funktionen hernehmen und von ihnen erwarten, dass sie die wichtigsten sind. Wir müssen die Entwicklung beginnen, indem wir die Karten auf den Tisch legen und alles in Betracht ziehen, das wertvoll sein könnte. Am Anfang jeder Iteration wird das Geschäft (erinnern Sie sich an das zu wahrende Gleichgewicht) die wertvollste Funktion für die jeweilige Iteration auswählen.

Nun haben wir einen Prozess, in dem die Planung ihren Sinn erfüllen kann. Der Prozess garantiert, dass wir einen möglichst guten Start hinlegen, indem er die gesamte Entwicklung offen legt. Er mindert die Risiken der Anforderungen, indem er alle paar Wochen neue auswählt, und er verringert die Risiken der Durchführung, indem er die Planung in genügend kleine Teile zerlegt, so dass der Gesamtplan möglichst schnell und erkennbar betroffen wird, wenn ein Teilplan schief geht.

Kapitel 6

Zu viel zu tun

Wenn Sie überfordert sind, denken Sie nicht, es läge daran, dass Sie zu wenig Zeit hätten. Stellen Sie sich stattdessen vor, dass Sie zu viel zu tun haben. Sie können sich nicht mehr Zeit, aber weniger Arbeit geben (wenigstens für den Augenblick).

Wir hatten einmal ein Projekt, welches durch das Team vor dem drohenden Abbruch bewahrt wurde. Kurz vor der ersten Version kam es zu dem Punkt, an dem jedem klar wurde, dass wir den Abgabetermin nicht einhalten konnten. Eines Tages beriefen wir eine spontane Besprechung ein, um das Problem zu diskutieren. Dabei wurde reihum die folgende Frage gestellt: »Was hält uns davon ab, in die Produktion zu gehen?«

»Ich habe nicht genug Zeit.«

»Ich habe nicht genug Zeit.«

»Ich habe nicht genug Zeit.«

Niemand hatte genug Zeit. Aber es gab keine offensichtliche Antwort. Jeder ging nach Hause.

Am gleichen Abend saßen wir dann beim Koreaner (wir essen immer koreanisch, da dies gut für das Gehirn zu sein scheint) und unterhielten uns über die Besprechung. Plötzlich kam uns die Erleuchtung und wir sahen das wirkliche Problem.

Am nächsten Morgen beriefen wir wieder eine Besprechung ein.

»Sprecht mir nach – Ich habe zu viel zu tun.«

Achselzucken überall, aber was soll's.

»Ich habe zu viel zu tun.«

»Ich habe zu viel zu tun.«

»Ich habe zu viel zu tun.«

Und so ging es im Kreis um, bis wir bei Richard ankamen.

»Ich habe zu viel zu tun. Was wollt Ihr damit eigentlich sagen?«

Was wir damit sagen wollen, ist, dass es Pech ist, wenn Sie keine Zeit haben. Sie können sich nicht mehr Zeit verschaffen. Zeitnot ist eine hoffnungslose Situation. Und Hoffnungslosigkeit erzeugt Frustration, Fehler, Stress und Misserfolg.

Zu viel zu tun zu haben, ist jedoch eine Situation, die wir alle kennen. Wenn Sie zu viel tun müssen, können Sie

- Prioritäten setzen und manches nicht tun,
- das Ausmaß einiger Dinge, die Sie erledigen müssen, mindern,
- jemand anderes bitten, Aufgaben zu übernehmen.

Zu viel zu erledigen zu haben, schafft Hoffnung. Es mag sein, dass uns dieser Gedanke nicht gefällt, aber wenigstens wissen wir, was wir tun müssen.

Kapitel 7

Vier Variablen

»Ich kann die Gesetze der Physik nicht ändern.
Ich brauche dreißig Minuten, Captain.«
Scotty in »Raumschiff Enterprise«

Wir benutzen vier Variablen, mit deren Hilfe wir uns leichter vorstellen können, wie man ein Projekt kontrolliert: Kosten, Qualität, Zeit und Umfang. Sie hängen zwar zusammen, beeinflussen sich aber mitunter auf etwas eigenartige Weise.

Wir haben alle schon Aussagen wie: »Kosten, Zeit, Qualität: Wählen Sie zwei aus«, gehört. Viele Menschen sprechen davon, welche Rolle diese drei Variablen spielen, wenn man etwas erledigen will, und dass man nicht alle auf einmal kontrollieren kann. Bei der Planung von Softwareprojekten müssen wir aber noch eine Variable hinzufügen, bevor wir diese unter Kontrolle kriegen können:

- Kosten
- Qualität
- Zeit
- Umfang

Wir stellen uns diese Variablen gerne als vier Hebel einer großen viktorianischen Dampfmaschine vor. Diese vier Hebel kontrollieren die Maschine (unser Projekt). Wenn wir einen Hebel bewegen, so bewegen sich auch die anderen. Sie können jeden beliebigen Hebel arretieren, aber wenn Sie dies mit drei Hebeln machen, kann auch der vierte nicht mehr bewegt werden.

Das Problem ist jedoch, dass die Auswirkungen der Bewegungen verspätet und nicht-linear sind. Sie können nicht einfach die Kosten verdoppeln, den Rest konstant lassen und die Zeit halbieren. So hat jeder Hebel eine eigene Bedienungsanleitung. (Die gute Nachricht ist, dass die Anleitungen nicht von einem zweitklassigen viktorianischen Schriftsteller geschrieben worden sind.)

Kosten

Der Kostenhebel besteht eigentlich aus mehreren im Wesentlichen unabhängigen Hebeln. Das Bewegen eines dieser Hebel kann Ihre Kosten erhöhen oder vermindern, aber jeder von ihnen hat eine unterschiedliche Auswirkung auf die anderen Haupthebel.

Der stärkste dieser Hebel ist das Personal. Sie bewegen diesen Hebel nach oben, indem Sie bei dem Projekt mehr Leute beschäftigen. Er hat jedoch den Nachteil, dass er sowohl nicht-lineare als auch späte Auswirkungen hat.

Die Nicht-Linearität rührt von dem zusätzlichen Aufwand für die Kommunikation her, den mehr Leute verursachen. Durch die Verdopplung Ihrer Teamstärke sind Sie nicht doppelt so schnell, da das Ausmaß der nötigen Kommunikation ebenfalls steigt. Es gibt keine richtige Anleitung, die wir Ihnen hierfür geben könnten, weil zum einen die Daten fehlen und sich zum anderen so viele andere Faktoren auswirken. Alles, was Sie tun können, ist, ein paar Leute mehr hinzuzufügen und die Auswirkung zu messen.

Das Problem ist, dass Sie bei dieser Strategie warten müssen, um den Effekt zu sehen, da das Hinzufügen von Personen einige Veränderungen bewirkt, die wiederum ihre Zeit benötigen, um offenkundig zu werden. Der unmittelbare Effekt ist das alarmierende Anzeichen, dass sich nichts ändert oder (was noch schlimmer ist) eine Verlangsamung eintritt. Tritt einem funktionierenden Team eine neue Person bei, wird sie anfänglich nicht viel Wert haben, da sie das System oder das Team nicht kennt. In der Tat kann sie die Dinge verlangsamen, da sie die Zeit der anderen in Anspruch nimmt, die ihr jene Dinge beibringen müssen. Je mehr Leute Sie hinzufügen, desto größer ist dieser Verlangsamungseffekt. Fügen Sie genug Leute hinzu, und das Projekt kommt abrupt zum Stehen. Dies ist der Ursprung von Brooks' Gesetz: »Einem verspäteten Projekt mehr Leute zur Verfügung zu stellen, verspätet es noch mehr.«[1]

Es gibt noch andere Wege, Geld auszugeben. Es für Hilfsmittel auszugeben, kann sich genauso auswirken wie das Bereitstellen von mehr Personal. Es wird wieder eine Verlangsamung auftreten, während die Leute lernen, wie man die Hilfsmittel benutzt, und nur wenn sie sich an diese gewöhnen, werden Sie erfahren, ob sie hilfreich sind.

1. Frederick P. Brooks, Jr., *The Mythical Man-Month: Essays on Software Engineering*, (Reading, MA: Addison-Wesley, 1995).

Das Tätigen von Investitionen kann sich auch bezahlt machen: schnellere Rechner, größere Bildschirme. Scheuen Sie sich nicht, Geld auszugeben, um die Motivation zu erhalten. Hoch motivierte Entwickler sind viel wirksamer als Menschen, deren Motivation sinkt.

Überstunden lohnen sich nicht. Obwohl sie sehr kurzfristig das Team auf Trab bringen, werden Sie es bitter bereuen, wenn Sie diese Strategie eine längere Zeit versuchen. Das große Problem ist die Motivation. Es ist viel besser, einen motivierten Programmierer zu haben, der täglich sieben Stunden arbeitet, als eine müden, abgelenkten, der zehn Stunden arbeitet. Dieser Weg ist sogar dann keine gute Idee, wenn Programmierer selbst Überstunden machen wollen. Überstunden ermüden Menschen, müde Menschen machen Fehler und das Beheben von Fehlern beansprucht Zeit. Wir mussten schon morgens zum Kunden gehen und den ganzen Tag nach einem Fehler suchen, der sich am vergangenen Abend um 22 Uhr eingeschlichen hatte. Besonders bei jungen Teams aus dem Silicon Valley, wo lange Arbeitszeiten eine Art Stammesritual sind, müssen wir uns schwer ranhalten, damit die Leute keine Überstunden machen. Falls sie wirklich kein eigenes Leben haben sollten, lassen Sie diese Menschen am Abend stattdessen Computerspiele spielen. Es ist viel produktiver, Burgen zu bauen, die von anderen wieder niedergerissen werden, als Fehler in komplizierter Software zu verursachen.

Qualität

Qualität steht in Wahrheit für zwei Hebel: äußere und innere Qualität. Die äußere Qualität ist die, die der Kunde wahrnimmt. Dies beinhaltet Fehler, kann aber auch nichtfunktionale Anforderungen umfassen, wie z.B. das Aussehen der Benutzerschnittstelle und die Performanz des Systems.

Versuchen Sie, solche Anforderungen in den Bereich des Umfangs zu verlegen. Erstellen Sie eine Geschichte wie etwa »Verbessern der Benutzerschnittstelle« oder »Erreichen einer durchschnittlichen Verarbeitungszeit von unter 300 ms«. Wie wir später sehen werden, ist der Umfang der am besten bedienbare Hebel.

Auch Fehler sind oft eine Frage des Umfangs. Des öfteren werden Sie Defekte gegen Geschichten eintauschen müssen. Wir werden dies in Kapitel 22 behandeln.

Der andere Hebel ist die innere Qualität, d.h. die Qualität des Systeminneren: wie gut es entworfen ist, wie gut die internen Tests sind usw. Es ist sehr gefährlich, mit diesem Hebel herumzuspielen. Wenn Sie es zulassen, dass die innere Qualität abnimmt, werden Sie einen kleinen kurzfristigen Geschwindigkeitszuwachs erhalten, dem zügig eine viel größere Verlangsamung folgen wird. Dementsprechend müssen Sie mit Argusaugen auf diesen Hebel achten und sicherstellen, dass er so hoch eingestellt ist, wie nur irgend möglich. Nichts schadet der Geschwindigkeit mehr als eine kümmerliche innere Qualität. Das ist der Grund, warum das Extreme Programming Methodiken wie dem Testen und dem Refactoring so große Aufmerksamkeit schenkt. Wenn Sie die innere Qualität hoch halten, können Sie erkennen, wo Sie sind, und vorhersagen, wo Sie hingelangen können.

Zeit und Umfang

Die beiden ersten Hebel sind also bestenfalls schwierig zu handhaben und sicherlich ungeeignet, eine kurzfristige Kontrolle auszuüben. Damit bleiben Zeit und Umfang als die am besten zu bedienenden Hebel übrig. Im Großteil unserer Planung gehen wir davon aus, dass die Qualität und Kosten konstant sind.

Die Frage ist, wie man die Hebel Zeit und Umfang am besten bedient.

Das komplizierte an diesen Hebeln ist, dass sie an sehr unterschiedlichen Stellen der Maschine angebracht sind. Der Umfanghebel befindet sich direkt vor Ihnen und schreit geradezu danach, höher eingestellt zu werden. Jedes Mal, wenn Sie an der Maschine vorbeilaufen, möchten Sie den Hebel ein Stückchen höher drücken und dem Projekt eine weitere kleine Geschichte hinzufügen. Die Maschine antwortet mit einem leisen süßen Glucksen als eine sofortige Belohnung. »Jawohl, mein Herr, das können wir ebenfalls machen.«

Der Zeithebel ist jedoch wirklich ungünstig angebracht. Sie müssen auf allen vieren kriechen, Ihren Hals verrenken und die Tür aufstoßen, die mit »Vorsicht vor dem Hund« beschriftet ist. Weil die Auswirkungen einer Vergrößerung des Umfangs auf die Zeit so schwierig festzustellen sind, nimmt man gewöhnlich nicht wahr, was passiert, bis es zu spät ist und die Maschine außer Kontrolle gerät.

Die Planung muss den Zeithebel sichtbar machen, so dass Sie jedes Mal, wenn Sie den Umfang vergrößern, sehen, was für Auswirkungen das auf die Zeit hat. Sie müssen einfach nur die Spiegel neu ausrichten, um dem Nebel zu entkommen.

Sie wissen nur dann wirklich, wo Sie sind, wenn Sie am Ende des Projekts ankommen. Also müssen Sie das Projekt alle paar Wochen beenden – deswegen benutzen wir Iterationen. Diese zwingen uns, alle paar Wochen nach dem Zeithebel zu sehen, so dass wir nicht umhin können, die Folgen der Veränderungen des Umfangs zu bemerken.

Die Planung wird nun zu einer Angelegenheit, herauszufinden, welche Geschichten in jeder Iteration erstellt werden sollen.

Wir benötigen einen Planungsstil, der

- den Glauben der Programmierer bewahrt, dass der Plan möglich ist,
- den Glauben der Kunden bewahrt, dass sie so viel wie möglich erhalten,
- bei seiner Durchführung nur ein Minimum an Kosten verursacht (weil wir oft planen, aber niemand für Pläne bezahlt; man zahlt für Ergebnisse).

Jetzt haben wir unsere viktorianische Dampfmaschine langsam satt und fühlen, wie sich uns eine andere Analogie aufdrängt.

Geschichten kaufen

Was wäre, wenn das Planen für eine Software wie Einkaufen wäre? Wenn Sie Lebensmittel für die folgende Woche kaufen, haben Sie ein Budget. Sie gehen in den Laden und schauen sich nach den Sachen und ihren Preisen um, und Sie überlegen sich, was Sie benötigen. Falls Sie eine Horde Jugendlicher bekochen, tendieren Sie eher zu Reis und Bohnen. Kommt Ihr Chef zum Abendessen, werden Sie Steaks für einen Abend kaufen und sich den Rest der Woche einfach zurückhalten.

Die Bestandteile dieser Analogie sind:

- Die Gegenstände
- Die Preise
- Das Budget
- Die Einschränkungen

Wir können den folgenden Bezug zur Planung herstellen:

- Gegenstände sind die Geschichten.
- Preise sind die Schätzungen jeder Geschichte.
- Das Budget ist der gemessene Fortschritt des Teams im Rahmen dieser Schätzungen.
- Einschränkungen sind die geschäftlichen und technischen Einschränkungen, wie sie vom Kunden und dem Team vorgefunden werden.

Die Analogie des »Einkaufens« kann uns etwas weiterbringen.

- *Sonderangebote* – Wenn sich herausstellt, dass Berichte einfacher programmiert werden können, ist das wie ein Sonderangebot für Berichte. »Achtung Softwarekäufer. Im Gang 14 werden zwei Berichte zum Preis von einem verkauft.«
- *Neuansetzung* – Wenn Sie inmitten eines Versionsschrittes einen Assistenten verwerfen müssen, um den Abgabetermin einzuhalten, entspricht das einer Neuansetzung. »Ich schulde Ihnen einen Assistenten.«
- *Inflation* – Wenn Grafiken schwieriger einzubauen sind als erwartet, steigen die Preise. »Aus Gründen, für die wir nichts können, kosten Grafiken jetzt 3,– DM das Pfund.«

Immer, wenn wir entscheiden müssen, was getan werden soll, gehen wir einkaufen. Wer bestimmt, wie groß die Gegenstände sind, und wer den Preis festsetzt, wird sich stets ändern. Aber die Strategie bleibt die gleiche. Wir werden Software im Wert von zehn Millionen Mark und die Aufgaben der nächsten Woche einkaufen.

Kapitel 8

Das Wetter von gestern

»Man kann zehn Pfund Haschisch nicht in einen Korb packen, der nur fünf Pfund fasst.«
Jeder, der es versucht hat

Nehmen Sie als Grundlage für Ihre Planung an, dass Sie diese Woche genauso viel erledigen werden wie letzte Woche.

Wie groß ist der Korb? Diese »Einkaufen«-Metapher ist ja schön und gut, aber was ist mit dem Budget? Wie legen Sie fest, wie viel Sie in den nächsten Monaten machen werden?

Wenn Sie sich zu viel vornehmen, werden schwarze Wolken über der Entwicklung auftauchen. Die Programmierer wissen, dass sie verloren sind, und geben deshalb nicht ihr Bestes. Auch die Kommunikation leidet. Die politisch Erfahrenen spielen mit dem Zeitplan »Reise nach Jerusalem«, wo die erste Person, die die Unmöglichkeit der Aufgabe zugibt, nicht als »Teamspieler«, sondern als Verlierer bezeichnet wird.

Gut, das wollen wir nicht. Auch wollen wir uns nicht unterfordern. Wenn sich herausstellt, dass wir doppelt so schnell arbeiten können, als wir ursprünglich dachten, wird es eine Weile dauern, bis das Geschäft das begreift. Die Pressebekanntmachungen werden die Hälfte der tollen Funktionen nicht erwähnen. Die Verkaufsabteilung wird nicht wissen, was alles in dem Produkt steckt. Und für Programmierer ist es eine Frage des Stolzes, hundert Prozent herauszuholen.

Wie können wir uns auf solch einem geschäftlichen und emotionalen Minenfeld zurechtfinden? Wie können wir einen komplizierten, Regeln erzeugenden Apparat schaffen, der alle verfügbaren technischen und emotionalen Informationen einfängt und in Einklang bringt?

Gar nicht – Überraschung, Überraschung. Statt dessen entscheiden wir uns für eine einfache Regel, die unter den meisten Umständen ziemlich gut funktioniert:

- Sagen Sie, dass Sie morgen genauso viel machen werden, wie Sie heute tatsächlich geschafft haben.

Die Geschichte

Nun zu einer nicht ganz ernst gemeinten Geschichte. Der Wetterdienst eines Landes (nicht Ihres, aber vielleicht unseres) gab Milliarden für ein neues, hoch entwickeltes Wettervorhersagesystem aus. Lichter blinkten, Karten wurden ausgespuckt, Bänder drehten sich – und heraus kamen Vorhersagen, die eine Genauigkeit um die 70 % boten. Diejenigen, die die Milliardenausgaben angeordnet hatten, waren ziemlich beeindruckt.

Eines Tages jedoch entdeckte jemand eine einfachere Möglichkeit, die gleiche Genauigkeit zu erreichen: »Sage jeden Tag vorher, dass das Wetter von morgen genau das gleiche sein wird wie das von heute.«

Deshalb nennen wir unsere Regel »Das Wetter von gestern«.

Wie es funktioniert

Nehmen Sie für den Augenblick mal an, dass jede Funktion, die Sie einbauen, dieselbe Zeit erfordert. (Wie wir das wirklich machen, erfahren Sie in Kapitel 12.) Wenn wir im letzten Monat fünf Funktionen geschafft haben und gefragt werden, wie viel wir in diesem Monat machen können, sagen wir: »Fünf.« Wenn wir eine Zeit lang alle zwei Wochen jeweils drei Funktionen erledigt haben und wir gefragt werden, wie viel wir in den nächsten sechs Monaten schaffen können, sagen wir: »3 Funktionen/Iteration × 2 Iterationen/Monat × 6 Monate = 36 Funktionen.«

Hier sind einige Konsequenzen, die sich aus dieser Regel ergeben:

- Wir werden nicht ständig unsere Fähigkeiten überschätzen. Wir müssen tatsächliche Leistungen heranziehen. Wenn wir uns einmal überschätzen, werden wir es das nächste Mal nicht tun.
- Wenn wir überfordert sind, werden wir versuchen, einige Gegenstände in der vorgegebenen Zeit fertig zu stellen, anstatt alle nur zur Hälfte zu erledigen. Es ist *so* peinlich, dem Kunden zu erzählen, dass er das nächste Mal keine Funktionen bekommen wird.
- Andererseits steht uns im Falle einer verheerenden Periode eine Verschnaufpause zu.
- Jeder gewöhnt sich daran, unseren Zahlen zu vertrauen, weil sie so einfach zu erklären sind.
- Unsere Schätzungen greifen automatisch alle Arten von Veränderungen auf – Änderungen des Teams, an neuer Technologie, dramatische Veränderungen der Produktrichtung.

Kapitel 9

Den Umfang eines Projektes planen

»Ist es größer als eine Butterbrotdose?«
Aus dem Spiel »Zwanzig Fragen«

Um einen ersten Eindruck zu bekommen, wie groß das Projekt ist, führen Sie den Planungsprozess im Groben durch.

Nehmen wir an, Sie sind bisher der Einzige, der an dem Projekt arbeitet. Was ist der erste Schritt? Wie können Sie die Einkaufsstrategie verwenden, um einem Projekt Leben einzuhauchen?

- *Gegenstände* – Große Geschichten
- *Preise* – Grobe Schätzungen, wie lange das Einbauen der jeweiligen Geschichten dauert
- *Budget* – Wie viele Leute ungefähr an dem Projekt arbeiten sollen
- *Einschränkungen* – Dafür sorgt jemand mit Geschäftswissen

Das Ziel dieses ersten Plans ist es, zügig die folgende, wichtige Frage zu beantworten: »Hat dieses Projekt überhaupt einen Sinn?« Häufig werden schlaue Pläne entworfen, bevor überhaupt irgendein Techniker daran beteiligt ist. Machen Sie sich keine Sorgen, dass Ihre Zahlen nicht perfekt sein könnten. Falls das Projekt einen Sinn hat, werden Sie genug investieren, um einen Plan vorzubereiten, dem Sie auch einigermaßen vertrauen.

Was wäre, wenn wir ein Transportsystem aus der Raumfahrt einbauen wollten? (Die ganze Geschichte finden Sie im Beispiel am Ende von Kapitel 11.) Wir könnten einige große Geschichten im Sinn haben. Bevor wir ihnen aber Preise zuweisen, müssen wir mehr über das System wissen. Wir stellen einige Fragen:

- Von wie vielen Reservierungen müssen wir ausgehen?
- Wie lange brauchen wir, bis das System verfügbar ist?
- Welche Art von Maschinen werden benutzt, um auf das System zuzugreifen?

Mit diesem Wissen können wir schätzen, wie lange ein Team aus zehn Personen brauchen würde, jede Funktion einzubauen (siehe Tabelle 9.1).

Geschichte	Schätzung
Eine Reise ins Weltall buchen	2 Monate
Ein Hotel buchen	1 Monat
Route überprüfen	1 Monat
Abenteuerausflüge	2 Monate
Holografische Planetensimulation	6 Monate
Speziesübergreifende Einführung	4 Monate
Automatischer Übersetzer	8 Monate

Tabelle 9.1 Geschichten

Wir machen einige vereinfachende Annahmen, bevor wir fortfahren.

- Die Geschichten sind vollkommen unabhängig voneinander.
- Wir werden die Infrastruktur mit der Geschichte zusammen entwickeln, uns dabei aber nur auf das absolut Notwendigste für die Geschichte konzentrieren.

Wir wissen, dass diese Annahmen nicht genau stimmen, aber immerhin ist das bei allem anderen auch nicht anders. Dies sollte uns beunruhigen, wenn wir die Zukunft vorherzusagen versuchten. Da wir das aber nicht machen, ist es kein Problem.

Das Ergebnis ist also, dass wir das System in 24 Monaten fertig stellen können. Schon geht das Geschrei los: »Wir müssen spätestens in sechs Monaten auf den Markt, oder wir sind tot.« Ja, wir verstehen das. »Wenn Sie das nicht können, werden wir jemanden einstellen, der es kann.« Machen Sie das doch, aber vielleicht dürfen wir auch mal was sagen. »Ihr Programmierer könnt mir nicht vorschreiben, was ich tun soll.« Natürlich nicht, aber vielleicht wollen Sie ja wissen, was Sie nicht machen können.

Nun fangen die Verhandlungen an. »Wie wäre es, wenn wir zuerst nur ein Buchungssystem erstellen? Wir bräuchten die ersten drei Geschichten. Das sind vier Monate. Aber ohne die holografische Simulation können wir nicht starten. Was können Sie mir in zwei Monaten bieten?«

Innerhalb einiger Stunden oder Tage habe wir einen groben Plan, von dem wir weiter ausgehen können.

Den großen Plan aufstellen

Der große Plan soll primär die folgende Frage beantworten: »Sollten wir mehr investieren?« Wir behandeln diese Frage in drei Schritten:

- Zerlegen Sie das Problem in mehrere Teile.
- Machen Sie diese Teile klar sichtbar, indem Sie sie schätzen.
- Lassen Sie die weniger wertvollen Teile fallen.

Beginnen Sie mit einem Gespräch über das System. (Das funktioniert am besten, wenn Sie mindestens eine weitere Person einbeziehen.) Schreiben Sie, während Sie reden, Ihre Ideen jeweils auf einer eigenen Karteikarte auf. Sollten Ihre Ideen zu sehr ins Detail gehen, halten Sie mit dem Schreiben inne, bis Sie wieder allgemeiner werden.

Manche Karten werden Ideen beinhalten, die geschäftlich funktionieren könnten. Diese Ideen sind Geschichten. Breiten Sie die entsprechenden Karten auf einem großen Tisch aus. Einige Karten werden Ideen aufweisen, die zum Kontext gehören – Durchsatz, Verlässlichkeit, Budget, Skizzen von erfreuten Kunden. Schieben Sie diese Karten beiseite.

Als Nächstes müssen Sie schätzen, wie lange Ihr Team jeweils brauchen würde, die Geschichten einzubauen (nur ganz grob). Gönnen Sie sich selbst genug Polster. Für die eiskalte Wirklichkeit wird später noch genügend Zeit sein. Im Augenblick sollten Sie sich am Schein der unendlichen Möglichkeiten laben.

Wenn Ihre Schätzungen zu klein sein sollten (wie Tage oder Wochen), sind Sie zu sehr ins Detail gegangen. Legen Sie diese Karten zur Seite und fangen Sie von vorne an. Sollten Sie eine Geschichte nicht einschätzen können (»Einfache Handhabung« ist das klassische Beispiel), legen Sie sie beiseite. Oder noch besser, denken Sie über spezielle Dinge nach, die helfen, das System einfacher zu handhaben, und machen Sie daraus Geschichten (z.B. »Persönliche Profile«).

Schätzen ist eine Frage der Erfahrung. Was ist aber, wenn Sie keine Erfahrung haben? Dann sollten Sie so tun, als ob Sie sie hätten. Schreiben Sie einen kleinen Prototyp. Fragen Sie jemanden, der Ahnung hat. Laden Sie einen Programmierer zu dem Gespräch ein.

Machen Sie schnell. Sie skizzieren hier nur, versuchen, sich ein Bild über das ganze System zu machen. Vergeuden Sie für Ihren ersten groben Plan nicht mehr Zeit als ein paar Stunden.

Ich soll mir Sorgen machen?

Kent hat einen Kunden, dessen Geschäftsplan auf einer Sammlung von großen Geschichten basiert, wie wir sie gerade beschrieben haben (natürlich mit einem anderen Thema, da Raumfahrt sogar für einen Business Angel etwas riskant zu sein scheint). Als das Team begann, die Geschichten umzusetzen, stellten sie fest, dass ihr Fortschritt etwa 40 % des ursprünglichen Plans entsprach.

Zeit für eine Geschichte

Don Wells hat uns diese Geschichte geschickt:

Das erinnert mich an die Zeit, die ich bei General Dynamics verbracht habe. Wir versuchten, ein Fahrzeug zu entwickeln, das von selbst und ohne jeglichen menschlichen Eingriff von einer Stelle zu einer anderen in ganz Europa fahren kann. Viele Universitäten arbeiteten ebenfalls an genau dem gleichen Problem.

Unser Leiter kam zu meinem Team, hielt eine schwungvolle Rede und gab uns ein Jahr Zeit, ein Fahrzeug zu entwickeln, das mit einer Geschwindigkeit von 10 Meilen die Stunde selbstständig von einer Stadt zur nächsten fahren konnte. Ich verriet dem Leiter, dass in Einrichtungen wie dem MIT, Carnegie-Mellon und Stanford die hellsten Köpfe der Welt schon seit Jahren an diesem Problem arbeiten würden und ernsthafte Schwierigkeiten hätten, es in die Tat umzusetzen. Dieser Leiter, der ein Jahr später zum Direktor befördert wurde, sah mir ohne ein Blinzeln direkt in die Augen und sagte: »Ich weiß, dass es eine große Herausforderung ist. Aber wenn es irgendjemand schaffen kann, dann sind Sie das.« Das Ergebnis war, dass jeder etwas anderes fand, an dem er die meiste Zeit arbeiten konnte. Es wurde nur wenig an dem Fahrzeug gearbeitet. Den Vertrag bekamen unsere Konkurrenten, die das Problem auch nicht lösen konnten. Aber sie haben es geschafft, dass ihr Fahrzeug mit einer Geschwindigkeit von einer Meile pro Stunde einer auf schwarzem Asphalt aufgemalten Linie folgen kann.

Das hätten wir auch gekonnt, vielleicht sogar noch mehr, aber das war nicht das, worum man uns gebeten hatte. Eine schwungvolle Rede ist kein Ersatz für einen Plan, an den jeder glaubt.

Erstaunlicherweise ist das vollkommen in Ordnung! Niemand freut sich darüber, dass er oder sie langsamer ist als der Plan. Aber der Fortschritt des Teams bringt die Firma nicht in Gefahr. Bei weitem nicht. Weil sie regelmäßig ihren Fortschritt demonstrieren können und in der Lage sind, auf Veränderungen des Marktes zu reagieren, glauben die Investoren und Kunden, dass die Firma große Dienste leisten wird. Um die Hälfte der tatsächlich eingebauten Funktionen fand sich schon in dem Originalplan, die andere Hälfte wurde auf Wunsch der wirklichen Kunden eingebaut oder erfunden.

Sie werden das Internet lieben. Wo sonst werden Sie zum Superstar, wenn Sie 20 % des ursprünglichen Plans umsetzen?

Kapitel 10

Versionsplanung

In der Versionsplanung wählt der Kunde Geschichten für einige Monate aus, wobei er sich gewöhnlich auf einen öffentlichen Versionsschritt konzentriert.

Mit Hilfe unseres großen Planes konnten wir entscheiden, dass es offensichtlich nicht dumm war, in das Projekt zu investieren. Nun müssen wir das Projekt mit dem Geschäft in Einklang bringen. Wir müssen zwei Aspekte des Projekts aufeinander abstimmen:

- Termin
- Umfang

Häufig stammen wichtige Termine für ein Projekt nicht von der Firma:

- Der Termin auf dem Vertrag
- Messetermine (z.B. COMDEX, Cebit usw.)
- Wann das Risikokapital ausgeht

Und auch wenn der Termin für die nächste Version firmenintern festgelegt wird, wird dies aus geschäftlichen Gründen geschehen. Sie wollen vielleicht häufiger neue Versionen herausbringen, um dem Wettbewerb voraus zu sein. Aber wenn Sie dies zu oft machen, werden Sie nie genug neue Funktionen bieten können, um sich einen Pressebericht, eine neue Runde von Verkaufsgesprächen oder etwa Champagner für die Programmierer zu verdienen.

Die Versionsplanung weist Versionen und Iterationen Benutzergeschichten zu – an was sollten wir zuerst arbeiten? An was werden wir uns später versuchen? Die Strategien, die Sie benutzen werden, sind denen ähnlich, auf die Sie am Anfang beim Erstellen des großen Plans zurückgegriffen haben:

- Zerlegen Sie die große Geschichte in kleinere Geschichten.
- Richten Sie Ihr Augenmerk auf diese Geschichten, indem Sie abschätzen, wie lange jede dauern wird.
- Lassen Sie weniger wertvolle Geschichten fallen, bis das übrig ist, was in den Zeitplan passt.

Wer ist für die Versionsplanung zuständig?

Die Versionsplanung ist eine Gemeinschaftsproduktion des Kunden und der Programmierer. Der Kunde führt die Versionsplanung durch, und die Programmierer unterstützen ihn dabei. Der Kunde wählt aus, welche Geschichten in der Version enthalten sein sollen und welche später eingebaut werden, während die Programmierer Schätzungen abliefern, die für eine sinnvolle Zuteilung benötigt werden.

Der Kunde

- schreibt die Benutzergeschichten,
- entscheidet, welchen Geschäftswert die Geschichten haben,
- entscheidet, welche Geschichten in diese Version eingebaut werden.

Die Programmierer

- schätzen ab, wie lange es jeweils dauern wird, die Geschichten zu erstellen,
- warnen den Kunden vor wichtigen technischen Risiken,
- messen den Fortschritt ihres Teams, um dem Kunden ein Gesamtbudget bieten zu können.

Wie zuverlässig ist der Versionsplan?

Gar nicht.

Das einzige, wovon wir bei einem Plan sicher ausgehen können, ist, dass die Entwicklung sich nicht daran halten wird. So findet die Versionsplanung zu jeder Zeit statt. Jedes Mal, wenn der Kunde seine Meinung über die Anforderungen und seine Prioritäten ändert, wird sich der Plan ändern. Jedes Mal, wenn die Entwickler etwas neues darüber lernen, wie man schneller arbeitet, wird sich der Plan ändern.

Der Plan ist dementsprechend einfach nur eine Momentaufnahme dessen, was getan werden soll. Diese Momentaufnahme hilft den Leuten, einen Eindruck davon zu bekommen, was zu erwarten ist, stellt aber keine absolut sichere Angelegenheit dar. Sie wird häufig überarbeitet werden. Jeder – Entwickler, Kunden und das Management – muss diese konstante Veränderung akzeptieren.

Wie weit sollten Sie im Voraus planen?

Wie weit sollten Sie einen Versionsplan im Voraus erstellen? Wir wissen, dass der Plan immer ungenauer wird, je weiter wir in die Zukunft blicken. Also macht es wenig Sinn, auf Jahre hinaus ins Detail zu gehen. Wir ziehen es vor, eine oder zwei Iterationen und eine oder zwei Versionen im Voraus zu planen.

Die Konzentration auf eine oder zwei Iterationen bedeutet, dass die Programmierer wissen müssen, welche Geschichten in der Iteration vorkommen, an der sie gerade arbeiten. Es ist ebenfalls nützlich, wenn man weiß, was für die nächste Iteration geplant ist. Darüber hinaus ist die Iterationszuweisung nicht so sinnvoll.

Jedoch muss das Geschäft wissen, was die aktuelle Version beinhaltet und auch in dieser Beziehung ist es sinnvoll, eine Vorstellung davon zu haben, was in der nächsten Version vorkommen wird.

Der wirklich entscheidende Punkt bei der Überlegung, wie weit Sie im Voraus planen sollten, sind die Kosten, um den Plan auf dem aktuellsten Stand zu halten, im Vergleich zu den Einnahmen, die Sie haben, wenn Sie wissen, dass die Pläne von vornherein nicht beständig sind. Sie müssen den Wert der Pläne in Anbetracht ihrer Unbeständigkeit ehrlich abwägen.

Wie planen Sie die Infrastruktur?

Wenn Sie funktionsorientiert planen, wie wir ja vorschlagen, ist es eine offensichtliche Frage, wie man mit der Infrastruktur umgehen soll. Bevor wir mit dem Aufbau der Funktionalität beginnen, müssen wir zuerst das Rahmenwerk für die dynamische Benutzerschnittstelle und die Infrastruktur für das Messaging zwischen verteilten Objekten und für die Persistenz in der Datenbank erstellen. Dies legt einen Plan für den mehrmonatigen Aufbau der Infrastrukturen nahe, bevor wir irgendeine Kundenfunktion abliefern können.

Solch eine Art der Entwicklung haben alle toten und sterbenden Projekte gemeinsam, die wir kennen – und wir sind nicht der Meinung, dass dies ein Zufall ist. Ohne Berücksichtigung von Kundenfunktionen an der Infrastruktur zu arbeiten, führt zu folgenden Risiken:

- Sie investieren eine Menge Zeit, ohne dem Kunden für ihn wertvolle Dinge zu liefern, was die Beziehung zu ihm belastet.
- Sie versuchen, eine Infrastruktur zu schaffen, die alles abdeckt, was Sie als nötig erachten, was sie zu komplex macht.

Erstellen Sie die Infrastruktur also, während Sie an den Funktionen arbeiten, und beschränken Sie sich für jede Iteration auf das, was die Geschichten in dieser Iteration gerade benötigen. Sie werden keine komplexere Infrastruktur aufbauen als notwendig, und der Kunde beteiligt sich an dem Aufbau, da er mitbekommt, wie die entsprechenden Funktionen erstellt werden.

Wie archivieren Sie den Versionsplan?

Unsere bevorzugte Art der Versionsplanung ist ein Satz von Karten. Jede Karte steht für eine Benutzergeschichte und beinhaltet die wichtigsten Informationen, um was es in dieser Geschichte geht. Sie stellen die Karten zusammen, um zu zeigen, welche Geschichten in dieser Version auftauchen. Kleben Sie sie an eine Wand oder heften Sie sie an ein Pinnbrett. Bündeln Sie die zukünftigen Geschichten mit einem Gummiband und verstauen Sie sie sicher in einer Schublade.

Wir mögen Karten, weil sie einfach sind, greifbare Mittel, die jeden ermutigen, sich mit ihnen zu beschäftigen. Es ist für Menschen stets schwieriger, Dinge zu betrachten und zu analysieren, wenn diese im Rechner archiviert sind.

Sollten Sie Ihre Geschichten trotzdem auf dem Rechner erstellen wollen, tun Sie sich keinen Zwang an. Aber machen Sie es auf eine einfache Art. Eine simple

Tabellenkalkulation funktioniert am besten. Wer komplizierte Projektmanagementsoftware einsetzt, neigt dazu, daran herumzuspielen, wenn er eigentlich mit anderen Personen kommunizieren sollte.

Ein anderes, oft benutztes Programm ist Wiki, ein von Ward Cunningham (c2.com) erfundenes Web-basiertes Werkzeug zur Zusammenarbeit. Die Teams erzielen innerhalb des flexiblen Formats von Wiki sehr schnell Übereinkünfte, wie Geschichten, Aufgaben und der Status aufgezeichnet werden sollen.

Wie viel können Sie in einen Versionsschritt hineinstecken?

Wenn Sie Geschichten, Iterationen und Versionsschritte haben, müssen Sie wissen, wie viele Geschichten Sie in jede Iteration und Version einbauen können. Wir benutzen den Ausdruck **Geschwindigkeit**, um darzustellen, wie viel ein Team in eine Iteration hineinstecken kann. Wir messen die Geschwindigkeit des Teams und schätzen ab, wie viel Zeit die Geschichten jeweils beanspruchen werden. (Einzelheiten hierzu finden Sie in Kapitel 12.)

Die Gesamtzeit für alle Arbeiten, die Sie erledigen möchten, kann die verfügbare Zeit nicht überschreiten. Wenn Sie eine Iteration planen, kann die Gesamtschätzung der Geschichten nicht größer sein als die Geschwindigkeit des Teams. Beim Planen eines Versionsschritts ist die Gesamtschätzung der Geschichten beschränkt durch die Geschwindigkeit des Teams multipliziert mit der Anzahl der Iterationen.

Kapitel zur Versionsplanung

Die nächsten Kapitel behandeln die verschiedenen Teile der Versionsplanung genauer.

- In Kapitel 11 geht es darum, wie Sie Geschichten so schreiben, dass Sie die Funktionen des Systems in brauchbare Teile aufspalten können. Außerdem erfahren Sie, warum die Geschichten nicht zu genau sein müssen.
- Kapitel 12 zeigt, wie man abschätzt, wie viel Zeit das Einbauen einer Geschichte in Anspruch nehmen wird, und wie man die Geschwindigkeit des Teams misst.
- Kapitel 13 gibt Ratschläge für die Reihenfolge, in der Sie Ihre Geschichten implementieren sollten – erledigen Sie zuerst die Geschichten mit hohem Wert, aber verlieren Sie niemals die technischen Risiken aus dem Auge.

- Kapitel 14 behandelt die verschiedenen Ereignisse, die Sie veranlassen, mitten in einem Versionsschritt weitere Versionsplanung zu betreiben.
- Kapitel 15 zeigt, wie Sie Ihren ersten Plan erstellen, der stets sowohl der schwierigste als auch der ungenaueste ist.
- In Kapitel 16 werden gewöhnliche Variationen für den Prozess der Versionsplanung besprochen.

Ihnen wird auffallen, dass wir zuerst darüber reden, wie man mitten im Projekt plant, und dann später dazu kommen, wie man einen ersten Plan erstellt. Sie mögen dies frustrierend finden, weil Sie wahrscheinlich erst einen Anfangsplan benötigen. Aber es ist uns aufgefallen, dass mit fortschreitender Planung der erste Plan tatsächlich ziemlich eigenartig erscheint. So macht XP spätere Pläne einfacher; der erste ist ein besonderer Fall.

Auch wenn Sie mit einem Anfangsplan beginnen, ist es wichtig, sich damit auszukennen, wie die Planung im Zuge Ihres Fortschreitens aussehen wird. Sie werden sehen, dass die Planung sowohl einfacher als auch genauer erfolgt, wenn Sie erst einige Iterationen hinter sich haben. Wenn Sie einen Eindruck haben, wie der Prozess aussehen sollte, erscheint es Ihnen womöglich einfacher, über die unausweichlichen ersten Probleme hinwegzukommen.

Kapitel 11

Geschichten schreiben

»Erzähl mir eine Geschichte.«
Jedes Kind zu einem bestimmten Zeitpunkt

In einem XP-Projekt ist die Geschichte die Einheit der Funktionalität. Wir demonstrieren den Fortschritt, indem wir getesteten und integrierten Code abliefern, der eine Geschichte implementiert. Eine Geschichte sollte verständlich für die Kunden und Entwickler sein, überprüfbar, wertvoll für den Kunden und klein genug, damit die Programmierer ein halbes Dutzend von ihnen in eine Iteration einbauen können.

Eine Benutzergeschichte ist ein Stück Funktionalität (das manchmal auch als *Funktion* oder *Feature* bezeichnet wird), welches für den Kunden von Wert ist. Sie liefert den Entwicklern und Kunden eine einfache Möglichkeit, das aufzuteilen, was das System machen muss, so dass dieses in Teilen ausgeliefert werden kann.

Die Betonung des Wortes *einfach* ist entscheidend. Es gibt viele Bücher, die bis ins kleinste Detail die Gestaltung von Anforderungen, den Entwurf von Anwendungsfällen und ähnliche Themen behandeln. Dies mag ja einigermaßen sinnvoll sein, aber wie immer sucht XP nach dem einfachsten Ansatz, der möglicherweise funktionieren könnte. Wenn wir uns mit Geschichten befassen, sollten Sie sich daher immer vor Augen halten, dass unser Ziel darin besteht, die Geschichten so einfach wie möglich zu machen, damit die Hoffnung erhalten bleibt, dass wir sie auch bewältigen können.

Grundsätze guter Geschichten

Geschichten müssen für den Kunden verständlich sein. Es ist nicht gut, wenn sich die Anforderungen so schwierig schreiben und organisieren lassen, dass Sie jahrelanges Training in der Anforderungsanalyse benötigen, um sie zu verstehen. Die Sprache für eine Geschichte ist einfaches Deutsch (oder was auch immer die bei Ihnen üblich Sprache sein sollte). Jeder kann eine natürliche Sprache beherrschen – alles andere ist, ähm, unnatürlich.

Wir lieben es, Kundengeschichten auf Karteikarten zu schreiben. Karten sorgen dafür, dass die Geschichten knapp bleiben und man sie während der Planungssitzungen gut handhaben kann. Entwickler und Kunden können eine Karte hin- und herschieben, sie an einer bestimmten Stelle des Tisches ablegen, sie wieder zurück zu den anderen Karten tun, sie an eine Pinnwand heften und so weiter. Es ist viel einfacher, mit Konzepten auf Karteikarten umzugehen als mit irgendwelchen ausgedruckten Listen.

(Wenn Sie Geschichten in einem Rechner ablegen müssen, tun Sie dies so, dass Sie sie einfach auf Karteikarten drucken können, indem Sie entsprechende Standarddruckvorlagen verwenden.)

Die beste Kundengeschichte ist ein oder zwei Sätze lang und beschreibt etwas, das dem Kunden wichtig ist. Zum Beispiel:

> Das System sollte die Rechtschreibung aller im Kommentarfeld eingegebenen Wörter überprüfen.

Je kürzer die Geschichte ist, desto besser. Sie steht für ein Konzept und ist keine detaillierte Beschreibung. *Eine Kundengeschichte ist nicht mehr als eine Abmachung, dass sich der Kunde und die Entwickler über eine Funktion unterhalten werden.* Übertrieben genaue Angaben sind nicht notwendig, wenn der Kunde mit den Programmierern arbeiten kann, während diese programmieren. Sie versuchen, die Wahrscheinlichkeit von unangenehmen Überraschungen zu verringern, wenn die Zeit für den Iterationsplan und die Entwicklung der Geschichte gekommen ist.

Es ist nicht so, dass Sie all diese Details nicht benötigen würden. Sie brauchen sie nur nicht alle auf einmal. Wenn Sie die Geschichten entwickeln müssen, brauchen Sie mehr Details (siehe Kapitel 17). Aber was auch immer Sie tun, um die Geschichte detaillierter zu gestalten, tun Sie es, wenn Sie diese Details brauchen. Dies erzeugt zwar eine gewisse Unsicherheit, aber wir haben herausgefunden, dass mehr Details Unsicherheit nicht ausschließen. Sie schaffen lediglich die Illusion von Sicherheit – und dies ist unserer Meinung nach schlimmer.

Jede Geschichte muss dem Kunden etwas Wertvolles bieten. Wenn der Kunde von einer Handlung keinen Gegenwert erwarten kann, warum sollte er Sie dann dafür bezahlen? Jede technische Infrastruktur muss in Verbindung mit den Geschichten und mit dem Ziel entwickelt werden, die Geschichten zu unterstützen. Auf diese Weise lässt sich eher vermeiden, dass Projekte Wochen oder Monate damit verbringen, eine geschickte Infrastruktur aufzubauen, die eigentlich gar nicht benötigt wird.

Entwickler schreiben keine Kundengeschichten. Keine »gute Idee« oder »tolle neue Funktion«, von denen ein Entwickler träumt, wird in einer Kundengeschichte auftauchen – außer der Kunde stimmt zu, dass die Idee gut oder die Funktion toll ist. Der Kunde hat die alleinige Verantwortung, das Team mit Kundengeschichten zu versorgen, und niemand kann diese Verantwortung an sich reißen. Die Entwickler dürfen zwar Geschichten vorschlagen, aber sie sollten ihre Hauptaufmerksamkeit den technischen Entscheidungen widmen.

Eines der schwierigsten Probleme mit Geschichten ist die Frage, wie groß man sie macht. *Geschichten müssen so groß sein, dass man in jeder Iteration ein paar von ihnen erstellen kann.* Diese Größe gibt Ihnen eine gewisse Möglichkeit zur Einflussnahme, indem Sie Geschichten zwischen Iterationen verschieben. Außerdem sollten sie die Entwickler in die Lage versetzen, den zeitlichen Aufwand einer Geschichte abzuschätzen. Wenn diese das nicht können, muss man gewöhnlich die Geschichte in kleinere Teile zerlegen.

Die Geschichten erfordern Kommunikation zwischen dem Kunden und den Entwicklern. Der Kunde muss die Geschichte schreiben; die Entwickler schätzen diese dann ab. Beide Parteien müssen zusammenarbeiten und kommunizieren, um dies tun zu können.

Geschichten sollten voneinander unabhängig sein. Dies gibt uns die Freiheit, sie in jeder beliebigen Reihenfolge zu erstellen. Natürlich ist das unmöglich. Aber wir haben die Erfahrung gemacht, dass wir die meiste Zeit gut damit fahren, wenn wir annehmen, es sei möglich. Es entstehen in der Tat Abhängigkeiten, aber diese werden nur selten ein Problem mit dem Planungsprozess verursachen. Falls die Reihenfolge der Geschichten eine Auswirkung auf die Schätzungen haben sollte, können wir dies einfach auf eine Karte schreiben. Wir denken, dass wir am Ende nicht viele dieser Karten haben werden.

Wenn die Geschichte erstellt wird, müssen wir beurteilen können, ob sie funktioniert. *Also muss jede Geschichte überprüfbar sein.* Sie müssen den Test nicht gleich jetzt schreiben, aber Sie sollten herausfinden können, ob die Geschichte umgesetzt ist oder nicht.

Reaktionen auf Schätzungen

In Kapitel 12 erläutern wir, wie man eine Geschichte abschätzt. Sie sollten mit dem Schätzen beginnen, sobald Sie anfangen, die Geschichten zu schreiben. Der Hauptgrund hierfür ist, dass Sie einige Reaktionen über die richtige Detailtiefe für Schätzungen brauchen.

Es ist typisch für einen Kunden, eine Geschichte zu schreiben, die nicht einfach abgeschätzt werden kann. Zum Beispiel:

> Es sollte für den Benutzer einfach sein, einen Fehler zu diagnostizieren.

Was bedeutet das? Wie können wir es abschätzen? Weil wir nicht wissen, was es bedeutet, können wir auch die zweite Frage nicht beantworten. Der Kunde soll uns also erläutern, was eine Fehlerdiagnose einfach macht und was sie in der Vergangenheit erschwert hat. Wir bitten den Kunden, außerdem zu beschreiben, welche Funktionsweisen, die den Prozess erleichtern würden, ihm vorschweben. Zum Beispiel:

> Unabhängig vom Zustand des Systems sollte der Benutzer etwas mit dem Symbol eines fehlerhaften Gerätes machen können, um den Diagnoseprozess zu starten.

Der Kunde hat einiges klargestellt. Erstens bedeutet »einfach zu diagnostizieren« in Wirklichkeit »den Diagnoseprozess einfach zu starten«. Zweitens schweben dem Kunden Gerätesymbole auf dem Bildschirm vor. Außerdem findet er es wichtig, dass der Benutzer etwas mit diesen Symbolen anfangen kann. Dies gibt uns genügend Informationen, um die Geschichte abzuschätzen.

Die Programmierer benötigen für ihre Schätzungen nicht unendlich viele Details; es ist nur nötig, dass der Kunde seine Wünsche irgendwie konkretisiert, so dass sich damit arbeiten lässt.

Kundengeschichten Prioritäten zuweisen

Es ist nicht wirklich hilfreich, absolute Einstufungen der Geschichten wie hoch, mittel und niedrig zu verlangen. Jede Geschichte steht auf der Liste ganz oben, da der Kunde sie sonst nicht geschrieben hätte, oder etwa nicht? Stattdessen muss der Kunde darauf vorbereitet sein, auf die Frage: »Was sollen wir zuerst implementieren und was werden wir später einbauen?«, zu antworten.

Geschichten vermischen häufig Prioritäten. Zum Beispiel:

> Die Ergebnisse müssen innerhalb von zehn Sekunden dargestellt werden und die Abschlussmeldung und alle gemessenen und berechneten Werte beinhalten.

Was dem Kunden an dieser Geschichte wirklich wichtig ist, ist die Ausgabe der Abschlussmeldung innerhalb von zehn Sekunden. Wenn die Anzeige der gemessenen und berechneten Werte länger dauert, ist es kein Problem. Unter dem Druck begrenzter Zeit jedoch wird der Kunde erkennen, was wichtig ist und was nicht.

Es ist nahezu unmöglich, diese Art von Gewichtung zu einem frühen Zeitpunkt zu finden. Was gewöhnlich passiert, ist, dass die Programmierer die Priorität einzelner Geschichtselemente während der Iterationsplanung oder gar der Entwicklung in Frage stellen. Ist die Gewichtung einmal erkannt, kann die Geschichte aufgeteilt werden.

Verfolgbarkeit

Schließlich wird der Kunde Akzeptanztests spezifizieren müssen, deren Ausführung bestimmen wird, ob Kundengeschichten erfolgreich implementiert wurden. Folglich müssen alle Kundengeschichten überprüfbar sein. Die Programmierer und der Kunde müssen sich einig sein, dass es festgelegte Tests gibt, die zeigen werden, dass die Kundengeschichte erfolgreich implementiert wurde.

Akzeptanztests sind außerdem unsere Antwort auf die Verfolgbarkeit. Wir finden es nicht sinnvoll, Anforderungen bis in die Systemklassen zu verfolgen, welche die Anforderung implementieren. Das ist schlicht zu viel Papierkram. Selbst wenn Sie ein Hilfsmittel haben, wäre es ein zu großer Aufwand, all die Informationen konsistent zu halten. Stattdessen verfolgen wir lieber einfach den Zusammenhang zwischen der Geschichte und den Akzeptanztests. Wenn diese funktionieren, können wir sicher annehmen, dass Programmzeilen existieren, die der Geschichte entsprechen. Ändern wir diese Zeilen später so, dass die Geschichte unterbrochen wird, wird der Test fehlschlagen. Das ist das Maximum, was wir an Verfolgbarkeit erreichen können.

Kundengeschichten aufteilen

Es ist gängige Praxis, eine Kundengeschichte in zwei oder mehr Kundengeschichten aufzuteilen. Die Vorgehensweise ist einfach: Der Kunde teilt das Konzept in zwei oder mehr kleinere Konzepte, schreibt neue Karten und wirft die alten weg.

Die Entwickler schätzen dann die neuen Geschichten, und die Kunden weisen ihnen Prioritäten zu.

> Die Abschlussmeldung muss innerhalb von zehn Sekunden angezeigt werden.
>
> Alle gemessenen und berechneten Wert müssen innerhalb von 30 Sekunden angezeigt werden.

Es gibt viele Ereignisse, die eine Aufteilung erforderlich machen können.

- Wenn Sie die Anfangsgeschichten schreiben, können die Entwickler eine Geschichte zu lang finden.
- Wenn Sie die Versionsplanung erstellen, denken Sie, dass eine Geschichte nicht ganz in eine Iteration passt. Dann können Sie die Geschichte so aufteilen, dass ein Teil davon in der Iteration erledigt werden kann.
- Beim Verfolgen einer Iteration erkennen Sie, dass Sie zu viel zu tun haben.

Um eine Geschichte aufzuteilen, schlägt der Kunde eine Aufteilung vor. Er sollte diese mit Prioritätsangaben verknüpfen, um damit weniger wichtige Arbeiten deutlich zu machen, die bis zur nächsten Iteration warten können. Hat der Kunde eine Aufteilung vorgeschlagen, schätzen die Entwickler die entstandenen Teile so, als ob sie verschiedene Geschichten wären.

Natürlich wird dies das erste Mal wahrscheinlich nicht gleich klappen. Wenn die Aufteilung den Teil niedrigerer Priorität zu klein lässt, muss der Kunde hier mehr Arbeit ansiedeln. Sollte der Teil niedrigerer Priorität hingegen zu groß sein, kann der Kunde einige Arbeit in wichtigere Teile verschieben, oder er könnte es so belassen, wie es ist, und der Iteration eine andere Arbeit hinzufügen, um die Differenz auszugleichen.

Sie werden mit dieser Problematik einige Zeit verbringen, aber wenn alle gut zusammenarbeiten, wird es nicht lange dauern, um herauszufinden, was eine Geschichte gut macht.

Ausschmückungen

Wir bevorzugen es, unsere Kundengeschichten nicht zu überladen. Sie enthalten nur drei Arten von Daten: den Namen, die Geschichte selbst und Schätzungen. Es besteht kein Zweifel darüber, dass weitere Daten angegeben werden könnten. Die Liste der Möglichkeiten ist nahezu endlos. Aber wir raten Ihnen, dass Sie von Formulierungen wie »wäre es nicht toll, wenn« und »es wäre praktisch, wenn« absehen. Geradlinige, auf Karteikarten geschriebene Geschichten sind einfacher zu handhaben und werden Ihnen Zeit und Mühe im Vergleich zu den Kosten des gelegentlichen Fehlens von praktischen Daten ersparen.

Der Ablauf beim Schreiben von Geschichten

Es ist verlockend, ein einfaches, kleines Kochbuch zu schreiben, wie z.B. »*Großartige Kundengeschichten in nur 30 Minuten*«. Es würde Ihre Aufgabe als Kunde viel einfacher machen. Nur dass wir das nicht machen können – nicht mehr, als Sie ein Kochbuch für großartiges literarisches Geschichtenerzählen schreiben können. Wir können Ihnen lediglich erzählen, wie man schlechte Geschichten erkennt, und vorschlagen, dass Sie eine Menge Zeit in die Kommunikation zwischen dem Kunden und den Programmierern stecken, während Sie Ihren Weg herausfinden.

Der Ablauf beim Schreiben von Geschichten ist iterativ und erfordert viele Rückmeldungen. Die Kunden werden den Programmierern eine Geschichte vorschlagen. Die Programmierer werden sich dann fragen, ob die Geschichte getestet und geschätzt werden kann und ob sie eine geeignete Größe hat. Wenn die Geschichte nicht geschätzt werden kann, werden die Programmierer den Kunden bitten, sie näher zu erläutern. Ist die Geschichte zu groß, wird der Kunde gebeten, sie aufzuteilen.

Es sollten mehrere Geschichten auf einmal geschrieben werden. Die Programmierer sollten mit den Kunden zusammensitzen, zwischen zwei und fünf Geschichten finden und dann aufhören. Danach beginnen die Programmierer, diese Geschichten zu schätzen. Während sie dies tun, werden sie sicherlich mit dem Kunden über die Details und Probleme sprechen wollen. Somit bleiben die Programmierer und der Kunde permanent in Kontakt.

In manchen Fällen können die Schätzungen offensichtlich sein. Vielleicht ist die Geschichte anderen, bereits fertig gestellten ähnlich. In anderen Fällen kann die Geschichte sehr schwer zu schätzen sein und eine Probeprogrammierung erfordern. Solch ein Versuch dauert selten länger als einen Tag, und Sie sollten jede Programmzeile, die Sie während der Probeprogrammierung geschrieben haben, neu schreiben.

Sobald die ersten Geschichten geschätzt worden sind, werden die Programmierer und der Kunde ein besseres Verständnis dafür haben, was eine gute Geschichte ausmacht. Im Kopf des Kunden formt sich langsam ein Bild des Systems. Von diesem höheren Blickwinkel aus ist der Kunde in der Lage, die nächsten Geschichten zu schreiben und den Ablauf zu wiederholen.

Seien Sie von Ihren Geschichten nicht zu sehr beeindruckt. Das Schreiben der Geschichten ist nicht das Problem. Die Kommunikation ist der springende Punkt. Wir haben so viele Anforderungsdokumente gesehen, die zwar niedergeschrieben, aber nicht kommuniziert wurden.

Wann sind Sie mit dem Schreiben von Geschichten fertig

Niemals, oder zumindest nicht, bis das Projekt abgebrochen wird. Softwareprojekte wachsen und verändern sich mit der Zeit. Obwohl das Schreiben von Geschichten in den frühen Phasen des Projekts am produktivsten sein wird, geht es niemals zu Ende.

Wann haben Sie genug Kundengeschichten, um die Entwicklung zu beginnen? Wenn sich der Kunde sicher ist, dass die wichtigsten Geschichten erkannt worden sind, und Sie genug Geschichten für eine mehrmonatige Entwicklung haben. Es sollten genügend Geschichten existieren, damit der Kunde eine sinnvolle Auswahl treffen kann.

Jeder braucht das Gefühl, Gehör zu finden (besonders am Anfang von Projekten). Wenn es für den Kunden notwendig ist, (schnell) Geschichten für die nächsten zwei Jahre zu schreiben, bevor er sich beachtet fühlt, dann soll es wohl so sein. Erledigen Sie das schnell, gestalten Sie die Geschichten so groß wie möglich, konzentrieren Sie sich dann wieder darauf, an was Sie zuerst arbeiten sollten und was warten kann.

Für gewöhnlich ist der Anfang des Projekts durch das Schreiben vieler Geschichten geprägt, während Sie versuchen, ein allgemeines Gefühl für die erwünschte Funktionalität des Systems zu entwickeln. Die Liste der Geschichten wird den Anfangsplan voranbringen.

Die anfänglichen Geschichten sind jedoch tatsächlich nur der Anfang. Während das Projekt im Gange ist, werden laufend Geschichten hinzugefügt, verworfen und aufgeteilt. Das ist nicht nur normal, sondern der wirkliche Sinn von XP. Das Ziel besteht darin, Software abzuliefern, die den Anforderungen in jedem Versionsschritt entspricht, und nicht denen, die am Anfang des Projekts missverstanden wurden.

Kundengeschichten abhaken

Sobald eine Kundengeschichte implementiert wurde und die Akzeptanztests durchgeführt wurden, dient die Geschichte selbst keinem weiteren Ziel mehr. Vielleicht haben einige Mitglieder des Entwicklungsteams ein Interesse daran, ihre Fußböden oder ihre Wände mit den Karten zu bepflastern, auf denen die Geschichten stehen; aber sie zu entsorgen, ist wahrscheinlich die beste Möglichkeit. Denken Sie daran, dass sich die Geschichten mit weit mehr Details und Genauigkeit in den Akzeptanztests wiederfinden. Somit gehen keine Informationen verloren, wenn die Karten selbst vernichtet werden.

Beispiel

Geschichten

Eines der Probleme, wenn man über Geschichten redet, ist, Beispiele zu geben. Wir können wegen des Vertrauensverhältnisses mit unseren Kunden normalerweise keine Beispiele aus wirklichen Projekten zeigen. Dies stellt eine kleines Problem dar.

Für dieses Buch hatten wir jedoch Glück. Kent räumte gerade einige Bäume auf seiner Farm in Oregon weg, als er auf eine Zeitreisekapsel aus der Zukunft stieß. Diese enthielt Informationen über ein Reisebuchungsprojekt, das wir im 24. Jahrhundert übernommen hatten. (Oder heißt das »übernehmen werden«? Zwischentemporale Zeitformen können sehr verwirrend sein.)

Unter den Sachen im Inneren der Kapsel waren Geschichtskarteikarten für das Projekt.

- **Preiswertesten Flug finden.**

  Präsentieren Sie dem Kunden die zehn niedrigsten Flugpreise für eine bestimmte Route.

- **Verfügbare Flüge zeigen.**

  Zeigen Sie mögliche Flüge (mit Verbindungen) zwischen zwei beliebigen Planeten an.

- **Verfügbare Flüge nach Eckdaten sortieren.**

  Wenn Sie die Flüge anzeigen, sortieren Sie sie nach ihren Eckdaten: Zeitpunkt der Reise, wie oft umzusteigen ist, Nähe zum gewünschten Abflugort und Ankunftszeit.

- **Flugticket kaufen.**

  Kaufen Sie mit einer Kreditkarte ein Flugticket. Überprüfen Sie beim Kauf, ob die Kreditkarte gedeckt ist. Überprüfen Sie auch die Einwanderungsregelungen. (Oolavoos dürfen nicht nach Traal usw.)

- **Kundenprofil anlegen.**

  Speichern Sie Kundendetails für einen schnellen Zugriff, z.B. Kreditkarteninformationen, Privatanschrift, Ernährungs- und Gravitationsanforderungen.

- **Überblick Reiseroute.**

  Zeigen Sie alle Reiserouten, die der Kunde in dem System hat.

- **Reiseroute löschen.**

  Wenn ein Kunde eine Reiseroute storniert, streichen Sie alle Flüge, Hotels usw.

- **Einreisebestimmungen ausdrucken.**

  Drucken Sie Unterlagen aus, die für die Ein- und Ausreise auf einem Planeten benötigt werden – nur für die einfacheren Planeten (z.B. nicht für Vogon).

- **Hotels anzeigen.**

  Zeigen Sie die Hotels in der Nähe eines Ortes an.

- **Hotelverfügbarkeit anzeigen.**

  Zeigen Sie die Hotels an, die für die Zeit des Reisearrangements verfügbar sind.

- **Erweiterte Hotelsuche.**

  Lassen Sie den Kunden nach einem Hotel suchen, indem er mehr als nur Datums- und Ortsangaben benutzt. Dies würde Einrichtungen, die Güte der Bedienung, Kosten und Empfehlungen umfassen.

- **Hotel buchen.**

  Buchen Sie ein Hotel. Benutzen Sie die Kreditkarte und überprüfen Sie, ob diese gedeckt ist.

- **Hotel/Raumfahrt-Programme vermitteln.**

  Zeigen Sie Hotels, die mit der Raumfahrtgesellschaft, die der Kunde benutzt, eine Zusammenarbeit beschlossen haben. Zeigen Sie die Preise und Rabatte, die durch diese Programme zustande kommen – nur für die Raumfahrtgesellschaften, die zu diesem Zeitpunkt aktiv mit uns zusammenarbeiten.

- **Flugzeugvermietung anbieten.**

  Ermöglichen Sie dem Kunden, ein Flugzeug zu mieten, während er auf einem Planeten ist. Binden Sie die Termine für den Raumflug mit ein. Erweitern Sie das Kundenprofil, um Flugzeugvorlieben zu berücksichtigen (Versicherungsauswahl, manuelle oder automatische Steuerung usw.)

Die Geschichten zeigen anhand von Beispielen die Prinzipien, die wir bisher diskutiert haben. Jede ist kurz, und zwar zu kurz, um eine detaillierte Spezifikation für die Programmierung zu sein. Sie geben jedoch genug Informationen, um zu zeigen, was allgemein erwartet wird. Für jeden, der schon einmal ein Web-basiertes Reisereservierungssystem benutzt hat, geben die Geschichten einen guten Eindruck davon, was im jeweiligen Schritt benötigt wird. Für Leute ohne dieses Hintergrundwissen werden Sie ein paar mehr Informationen brauchen, aber wir sollten große Details trotzdem vermeiden.

Beachten Sie, dass es überhaupt keine Diskussion über Abhängigkeiten gibt. Sie könnten richtig argumentieren, dass Sie »die Verfügbarkeit der Hotels zeigen« müssen, wenn Sie »eine ausgefeilte Hotelsuche bieten« wollen. Die Reihenfolge, in der Sie dies angehen, könnte sich auf die Schätzungen auswirken. Aber im Grunde genommen machen wir uns darüber keine Sorgen. Wenn eine andere Reihenfolge eine deutliche Änderung der Schätzungen impliziert und sich dies auf den Ablauf der Planung auswirkt, dann wird eine einfache Notiz darüber reichen.

Kapitel 12

Schätzung

Halten Sie sich bei Ihren Schätzungen an eine ähnliche Geschichte, die Sie schon erledigt haben. Diese Geschichte wird ungefähr die gleiche Zeit beanspruchen wie eine vergleichbare Geschichte.

Wie kommen Sie zu Ihren Schätzungen? Wir haben schon sehr vieles gelesen, das diesem Thema gewidmet war, und auch einige mathematische Formeln gesehen. Die besten davon basieren auf den Programmzeilen, die noch geschrieben werden müssen. Diese können Ihnen ohne weiteres verraten, wie lange es dauern wird, so viele Tausend Zeilen zu verfassen. Das ist besonders hilfreich, da es ja sehr einfach ist, präzise zu schätzen, wie viele Programmzeilen eine Lösung benötigen wird, bevor Sie anfangen, sie zu schreiben. (Den Sarkasmus schon bemerkt?)

Um ehrlich zu sein, das Schätzen ist eine Kunst für sich. Sie werden keine genauen Zahlen erhalten, ganz egal, wie oft Sie es versuchen. Wenn Sie sich ein bisschen anstrengen, können Sie jedoch Zahlen erhalten, die gut genug sind, und Sie können sie mit der Zeit verbessern.

Der Schlüssel zu einer effektiven Schätzung ist:

- Halten Sie sie einfach.
- Benutzen Sie die Ereignisse aus der Vergangenheit.
- Lernen Sie aus der Erfahrung.

Der beste Rat für eine Schätzung der Zukunft besteht, nach etwas zu suchen, das in der Vergangenheit passiert und mit dem vergleichbar ist, was auf uns zukommt. Dann nehmen Sie einfach an, dass die Geschichte sich wiederholen wird. Das macht sie oft. Sollte es einen deutlichen Unterschied zwischen damals und heute geben, benutzen Sie einen sehr einfachen Weg, diesem Umstand Rechnung zu tragen. Versuchen Sie nicht, zu anspruchsvoll zu sein. Schätzungen werden niemals mehr als eine Annäherung darstellen – egal wie sehr Sie sich anstrengen.

Die Größe einer Geschichte schätzen

Eine einfache und effektive Methode zum Schätzen der Größe einer Geschichte besteht darin, nach einer ähnlichen Geschichte zu suchen, die Sie schon ausgeliefert haben. Sehen Sie sich dann Ihre Aufzeichnungen an, um zu sehen, wie lange dies gedauert hatte. Gehen Sie schließlich davon aus, dass die neue Geschichte die gleiche Zeit beanspruchen wird. »Ah, schon wieder ein Bericht. Für Berichte brauchen wir immer eine Woche.«

Wenn Sie keine Geschichte ähnlicher Größe finden können, suchen Sie nach einer halb oder doppelt so großen. Multiplizieren oder dividieren Sie dann entsprechend. Machen Sie sich keine Sorgen darüber, dass Martin wahrscheinlich die Note 1 in seinem Mathe-Leistungskurs aufgrund seiner unglücklichen Angewohnheit verpasst hat, mit zwei zu multiplizieren, wenn er hätte teilen sollen. Sie sind viel schlauer als er.

Es ist übrigens egal, in welcher Einheit Sie Ihre Schätzungen ausdrücken. Das einzig Wichtige daran ist, dass Sie stets die gleiche Einheit verwenden. In diesem Buch benutzen wir ideale Wochen. Ideale Wochen sind die Mannwochen, die die Implementierung der Geschichte in Anspruch nehmen würde, wenn die Programmierer dafür 100 % ihrer Zeit investieren würden.

(Sie werden einen kleinen Fehler an diesem Ansatz bemerken. Wie schätzen Sie, wenn Sie bisher weder etwas erstellt haben noch über etwas Vergleichbares verfügen? Eine durch und durch unbefriedigende Lösung dieses Problems finden Sie in Kapitel 15.)

Schätzung ist Teamarbeit. Das Team bespricht die Geschichte, überlegt, wie lange die Implementierung dauern könnte, und entscheidet sich dann für eine Schätzung. Die Teammitglieder können, was die Schätzung angeht, anderer Meinung sein. Manche können meinen, dass die Geschichte schwierig ist und ihre Entwicklung lange dauern wird, während andere glauben, dass sie einfach ist und wenig Zeit in Anspruch nehmen wird. Wir befolgen die Regel »Optimismus gewinnt«, was bedeutet, dass wir zunächst eine angemessene Zeit diskutieren, dann innehalten und die günstigste Schätzung auswählen.

Bedenken Sie, Schätzungen sind keine Verpflichtungen. Und ein paar schlechte Schätzungen sind keine Katastrophe. Was wir im Auge haben, ist vielmehr, unsere Schätzungen kontinuierlich zu verbessern. Indem wir die optimistischste Schätzung auswählen, erreichen wir zwei Dinge: Wir erhalten die Spannung in den Schätzungen, so dass sie sich nicht über die Maßen in die Länge ziehen, und wir erhalten die Spannung im Team, so dass es lernt, nicht zu optimistisch zu sein. Teammitglieder, deren Optimismus das Team einmal in Probleme gebracht hat, werden lernen, ihren Optimismus zu zügeln.

Eine anderer Punkt, der vielen Leuten Sorgen bereitet, sind die Abhängigkeiten zwischen den Geschichten. Wie wir in Kapitel 13 schreiben, können Sie diese meistens ignorieren. Meistens bedeutet jedoch nicht immer. Sie werden einige Fälle haben, wo Sie sagen: »Das ‚Dingsbumsen des Dingens' wird sechs Wochen dauern, wenn wir es aber machen, nachdem wir das ‚Ateil gebeteilt' haben, wird es nur vier Wochen dauern.« In diesem Fall benutzen Sie in Abhängigkeit von der Position, für das Dingsbumsen die geeignete Wochenzahl und machen eine Notiz zu Ihrer Annahme. Die Anzahl solcher Notizen wird sich in Grenzen halten.

Sie werden regelmäßig jede Geschichte neu schätzen, was Ihnen die Möglichkeit verschafft, zusätzliche Informationen zu berücksichtigen, wie z.B. aufgelöste Abhängigkeiten oder Technologien, die sich als schwierig (oder auch einfach) erwiesen haben.

Schätzen, wie viel Sie innerhalb einer Iteration schaffen können

Sie können sich jede Iteration als eine Kiste vorstellen, die jeweils Platz für eine begrenzte Anzahl Weinflaschen bietet. Die Schlüsselfrage für jeden Weinliebhaber ist, wie viele Flaschen man in einer solchen Kiste unterbringen kann. Sie könnten die Kiste und die Flaschen abmessen und einige geometrische Berechnungen anstellen, ein Komitee von erhabenen Personen bilden oder es einfach ausprobieren.

Wir benutzen den letzteren Ansatz: das Wetter von gestern. Am Ende jeder Iteration messen wir, wie viel erledigt worden ist, und nehmen an, dass wir dieses Mal gleich viel schaffen werden. Als wir das Wetter von gestern behandelt haben, haben wir jedoch über das allgemeine Prinzip gesprochen. Um dieses an die Versionsplanung anzupassen, müssen wir herausfinden, wie man die Dinge misst. Wir könnten einfach die Geschichten zählen, die wir schaffen, aber nicht alle haben die gleiche Größe.

Also müssen wir die Größe jeder Geschichte messen. Am Ende jeder Iteration sehen wir uns all die Geschichten an, die erledigt wurden, und notieren uns, wie viele ideale Wochen die jeweilige Fertigstellung jeder Geschichte gedauert hat. Dann zählen wir diese idealen Wochen zusammen und leiten daraus ab, wie viele ideale Wochen jede Iteration in Anspruch nimmt.

Das Befolgen dieser einfachen Regel, verstößt gegen ein Diktum des Projektmanagements: Die Arbeit wächst, um den verfügbaren Raum zu füllen. Das mag für einige Aktivitäten zutreffen, aber es stimmt nicht, wenn Sie motivierte und fähige Softwareentwickler haben.

Nehmen Sie sich in Acht davor, die Geschwindigkeit zu verändern, um Veränderungen der Teamgröße Rechnung zu tragen. Wie wir in Kapitel 7 besprochen haben, hat eine Veränderung der Teamzusammenstellung eine nicht-lineare und verzögerte Auswirkung auf die Geschwindigkeit. Sagen Sie diese Auswirkung nicht vorher, sondern messen Sie sie. Die Konsequenzen des Hinzufügens von Personal vorherzusagen, ist besonders schwierig, weil Sie selten wissen, wie lange die neuen Kollegen brauchen werden, bis sie anfangen, hilfreich zu sein.

Wir benutzen die Geschwindigkeit auch für einzelne Entwickler. Wir könnten sagen, dass ein Programmierer eine Geschwindigkeit von fünf idealen Tagen hat. Das bedeutet, dass der Programmierer sich für fünf ideale Tage pro Iteration verpflichten kann. Die meisten Entwickler werden die gleiche Geschwindigkeit haben. Ein Teilzeitarbeiter oder jemand, der neu im Team ist, wird jedoch langsamer sein.

Sie müssen sich davor in Acht nehmen, der Geschwindigkeit zu viel Bedeutung beizumessen. Nehmen wir an, Sie haben zwei gleichgroße Teams mit gleichgroßen Iterationen aber verschiedenen Geschwindigkeiten. Was bedeutet dies?

Die Antwort ist, dass alle Dinge sich miteinander verheddern. Es könnte bedeuten, dass ein Team talentierter ist oder bessere Hilfsmittel hatte. Aber es könnte auch bedeuten, dass ein Team zu optimistischeren Schätzungen neigte und eine niedrigere Geschwindigkeit benötigte, um dies auszugleichen. Schließlich ist all dieses Gerede über ideale Zeit ein großer Schwindel, um die Schwierigkeiten beim Schätzen der Softwareentwicklung zu kompensieren.

Die Bedeutung der idealen Zeit

Die Frage der zu verwendenden Einheiten zur Messung des Aufwands ist in der XP-Gemeinschaft durchaus umstritten gewesen.

In vielerlei Hinsicht wäre der auf der Kalenderzeit basierende Kalenderaufwand die einfachste Einheit.

Die Kalenderzeit ist der bekannte Verlauf der Zeit, angepasst an Arbeitstage. Wenn Sie von Montag bis Freitag arbeiten, dann sind vier Kalenderwochen genauso viel wie 20 Kalendertage.

Der Kalenderaufwand ist die Anzahl der Leute multipliziert mit der Kalenderzeit. Ein sechsköpfiges Team hat 30 Kalendertage pro Kalenderwoche Zeit und würde in vier Wochen 24 Kalenderwochen zur Verfügung haben. Wenn eine Person aus dem Team nur halbtags arbeiten würde, würden dem Team 22 Kalenderwochen in dem selben vierwöchigen Zeitraum zur Verfügung stehen.

Die meisten Leute messen alle Aufgaben nach Kalenderaufwand. Das ist sinnvoll, da diese Größe einfach zu bestimmen ist. Es macht jedoch das Schätzen schwieriger. Das Schätzen ist viel einfacher, wenn Sie davon ausgehen, dass die Leute mit einer vernünftigen Effizienz arbeiten. Gewöhnlicherweise heißt das, dass sie nicht unterbrochen und abgelenkt werden. Ablenkungen neigen dazu, dass sie sich längerfristig ausgleichen, aber sie können eine große Auswirkung in kurzen Zeiträumen von einer oder zwei Wochen haben. Entsprechend können so die Erfahrungswerte verfälscht werden, die das Rückgrad einer guten Schätzung darstellen.

Deswegen entwickeln wir in XP eine zweite Art der Zeit: die ideale Zeit. **Die ideale Zeit** ist die Zeit ohne Unterbrechungen, in der Sie sich auf Ihre Arbeit konzentrieren können und sich produktiv fühlen. Wir messen und schätzen in idealer Zeit, weil dies uns erlaubt, Aufgaben zu vergleichen, ohne auf Unterbrechungen zu achten. Wenn wir eine Aufgabe betrachten und sie als ungefähr genauso kompliziert erachten, wie eine, die letzte Woche zwei ideale Tage gedauert hat, können wir schätzen, dass sie auch diese Woche zwei ideale Tage in Anspruch nehmen wird. Die vergangene Zeit kann sehr wohl unterschiedlich sein, aber das ist etwas, was wir gesondert betrachten.

Wir benutzen den Ausdruck »ideale Zeit«, aber in Wirklichkeit handelt es sich um den idealen Aufwand. Ein sechsköpfiges Team könnte für die Entwicklung zehn ideale Tage Zeit haben. Wenn Leute davon sprechen, wie lange Aufgaben dauern, sagen sie gewöhnlich: »Das wird drei ideale Tage dauern.« Eigentlich ist damit aber gemeint, dass es »drei ideale Entwicklungstage« dauern wird, aber das ist wohl zu umständlich.

Der Begriff der idealen Zeit hat mit der Zeit wenig zu tun. In der Tat ziehen es manche Leute vor, etwas wie Geschichten- oder Aufgabenpunkte oder gar Gummibärchen zu benutzen, um den Aufwand für Geschichten und Aufgaben zu messen. Dies funktioniert, weil nur wichtig ist, dass Sie für heutige Schätzungen die gleiche Einheit benutzen, die Sie verwendet haben, um den Aufwand der heranzuziehenden früheren Geschichten zu messen.

(Francesco Cirillo erzählte uns, dass er einen 30-Minuten-Küchenwecker in der Form einer Tomate gekauft hätte, so dass man in seiner Firma nun von einer »6-Tomaten-Aufgabe« spricht.)

Wir finden ideale Wochen gut, weil das Konzept in gewisser Weise mit Bekanntem übereinstimmt. Doch das Wort *ideal* ist da, um uns daran zu erinnern, dass nicht alles perfekt ist. Es kann ebenfalls weiterhelfen, wenn Sie Ihren ersten Plan erstellen (siehe Kapitel 15).

Die ideale Zeit ist die Zeit, die Sie mit Aufgaben verbringen, für die Sie die Verantwortung übernommen haben. Ideale Zeit beinhaltet nicht die Zeit, die Sie zum Beispiel damit verbringen, einem Kollegen beim Programmieren zu helfen. Sie könnten annehmen, dass Sie die Zeit, die Sie nicht programmieren, explizit in Betracht ziehen müssen, aber die Erfahrung zeigt, dass die Zeit, die Sie Ihren eigenen Aufgaben widmen, von dem Wetter von gestern automatisch berücksichtigt wird.

(Wenn Sie einige ältere Beiträge über XP gelesen haben, werden Sie auf den Begriff des **Belastungsfaktors** gestoßen sein. Der Belastungsfaktor ist das Verhältnis des Kalenderaufwands in einer Iteration zu der Geschwindigkeit. So hat zum Beispiel ein fünfköpfiges Team, das zweiwöchige Iterationen benutzt, zehn Programmierwochen pro Iteration Zeit. Wenn die Geschwindigkeit des Teams vier beträgt, besitzt es einen Belastungsfaktor von 2,5 (10/4). Wir benutzten den Belastungsfaktor früher sehr oft, aber seitdem haben wir herausgefunden, dass es einfacher ist, einfach nur die Geschwindigkeit zu benutzen.)

Ihre Schätzungen verbessern

Die gute Nachricht im Zusammenhang mit dem Schätzvorgang lautet, dass sich dieser für gewöhnlich verbessert. Je öfter Sie dies machen und je besser Ihre Zahlen werden, desto besser wird jeder im Team im Schätzen. Regen Sie diesen Prozess an. Erwarten Sie nicht zu viel von frühen Schätzungen, aber erwarten Sie von ihnen, dass sie sich verbessern.

Damit dies funktioniert, müssen Sie Ihre Erfahrungen sammeln. Gehen Sie sicher, dass Sie aufzeichnen, wie lange es dauerte, eine Geschichte zu erledigen. Die Aufzeichnung sollte nicht präziser sein als Ihre Planung, so dass es reicht, bis zur nächsten idealen Woche zu schätzen. Es ist unabdinglich für eine Verbesserung des Planungsprozesses, eine gute Sammlung von Erfahrungen aufzubauen.

Kapitel 13

Die Geschichten ordnen

Die wichtigsten Geschichten, die als Erstes bearbeitet werden müssen, sind diejenigen, die den größten Geschäftswert besitzen. Vermeiden Sie es, die Geschichten nach den technischen Abhängigkeiten anzuordnen. Meistens sind die Abhängigkeiten weniger wichtig als der Wert.

Einer der wichtigsten Punkte bei der Planung ist die Entscheidung, in welcher Reihenfolge die Aufgaben abgearbeitet werden sollen. Es gibt immer genug zu erledigen. Was sollen wir heute tun?

Software ist manchmal einfach zu kompliziert, also betrachten wir ein Beispiel, das sowohl alltäglicher als auch wesentlicher ist. Beim Kochen beantworten wir die Frage nach der Reihenfolge, indem wir uns die Zeitplanung und die Arbeitsabläufe für das Rezept ansehen. Hier ist oft eine feste Reihenfolge erforderlich: Zuerst müssen Sie die Zwiebeln anbräunen, danach das Hühnerfleisch hinzugeben.

Dieses Ordnungsprinzip ist das grundlegende Kriterium für die meisten Planungen. Bei großen technischen Projekten geht man deshalb dazu über, Abhängigkeitsanalysen und PERT-Diagramme zu verwenden. Die Abhängigkeiten zwischen den verschiedenen Aufgaben dominieren die Planung. Wenn Sie sich diesen Ansatz zu Eigen machen, besteht Ihr Auftrag darin, auf dem besten Weg durch diese Abhängigkeiten zu manövrieren.

Für die Planung nach diesem Prinzip sollten Sie eine Liste aller Aufgaben anlegen und die Abhängigkeiten zwischen den verschiedenen Aktivitäten vermerken. Indem Sie diese Zusammenhänge und die jeweilige Dauer der Aktivitäten betrachten, können Sie die Hauptaktivitäten auf dem kritischen Pfad ausfindig machen, bei denen eine Verzögerung Auswirkungen auf das ganze Projekt haben würde. Wenn Sie einen Kurs in Projektmanagement machen, verbringen Sie gewöhnlich eine ganze Weile mit derartigen Analysen, einschließlich der Bearbeitung von Themen wie Ressourcenausgleich. Um dies alles zu erledigen, könnten Sie auch ein Computerprogramm einsetzen.

All diese Techniken sind relativ nutzlos bei einem XP-Projekt, und zwar deshalb, weil der Schwerpunkt auf minimalem technischen Einsatz und ständigem Wachstum bei der Gestaltung liegt, denn die Abhängigkeiten zwischen den Aufgaben fallen nicht stark ins Gewicht. Meistens besteht keine Notwendigkeit, die Geschichten untereinander zu ordnen. Sie können sie in jeder beliebigen Reihenfolge sortieren. Wir haben für diese These keine Beweise, doch wie die meisten Software-Experten hält uns das noch lange nicht davon ab, eine kühne Behauptung aufzustellen. Unsere Begründung besteht einfach darin, dass wir fast jedes Mal, wenn sich jemand eine zwingende Reihenfolge ausdenkt, seinen Plan abschmettern können.

Ein gutes Beispiel hierfür ist ein Projekt, auf das Martin bei einer Kostenanalyse für ein Fertigungssystem stieß. Die Kostenmodelle waren sehr kompliziert und ganz neu, so dass sie niemand richtig verstand. Die Modelle arbeiteten mit einer großen Menge an Daten. Da die Modelle Daten benötigten, ging das Projektteam davon aus, dass die Software zur Datenerfassung als Erstes geschrieben werden müsse. Hierfür mussten zahlreiche grafische Benutzeroberflächen für die Dateneingabe und -validierung gestaltet werden.

Dies war eine falsche Abhängigkeit. Die Daten hätten auch mit einfachen SQL-Anweisungen in die Datenbank eingegeben werden können. Diese Methode hätte es dem Team erlaubt, schon einmal mit den Kostenmodellen zu arbeiten und herauszufinden, worauf sie eigentlich aufbauten. Bevor man die Modelle nicht besser verstand, wusste man auch nicht, welche Daten sie benötigten. Letztendlich war es ja der Sinn des Programms, die Kostenmodelle laufen zu lassen; die Daten jedoch dienten nur den Modellen.

Die meisten Ordnungsabhängigkeiten sind falsch. Die meisten bedeutet aber natürlich nicht alle. Die Fälle, bei denen Abhängigkeiten eine Rolle spielen, kann man leicht Punkt für Punkt abarbeiten, entweder innerhalb einer Iteration, wo Sie sie unter Kontrolle haben, oder indem Sie Schätzungen auf halber Strecke korrigieren. Solche Fälle berühren den Gesamtplan nicht sonderlich.

Ein logisch denkender, jedoch etwas naiver Leser könnte dieses Fehlen von Beschränkungen als einen Vorteil ansehen. Doch das ist oft nicht so. Stattdessen gibt es Leute, die nach Abhängigkeiten suchen, und so entschlossen sind, welche zu entdecken, dass sie welche finden, die gar nicht existieren. Und wenn es keine zwingende Ordnung gibt, wie entscheiden wir dann, in welcher Reihenfolge wir die Dinge erledigen sollen?

Geschäftswert

Wir benötigen also verschiedene Faktoren, um eine Entscheidung zu treffen. Der erste Faktor ist der Geschäftswert. Erledigen Sie diejenigen Geschichten zuerst, die dem Kunden den größten Nutzen bringen. Dies klingt so selbstverständlich, dass wir kaum einen Grund sehen, es näher zu erläutern. Für alle Fälle tun wir es aber trotzdem einmal.

Wir möchten dem Kunden schnellstmöglich eine Version präsentieren und wollen, dass diese Version für den Kunden so nutzbringend wie möglich ist. Denn dann wird er uns lieb haben und uns weiterhin Leckereien zustecken. Also geben wir ihm das, was er sich am meisten wünscht. Auf diese Weise können wir schnell eine Version herausbringen, und der Kunde kann den Nutzen erkennen. Und sollte am Ende des Zeitplans alles in die Hose gehen, ist es nicht so schlimm, denn die gefährdeten Geschichten sind weniger wichtig als die Geschichten, die wir bereits abgeschlossen haben.

Selbst wenn wir nicht so schnell eine Version liefern können, wird der Kunde zufriedener sein, wenn wir die Aktivitäten mit dem meisten Nutzen als Erstes erledigen. So zeigen wir ihm, dass wir zuhören und wirklich versuchen, seine Probleme zu lösen. Möglicherweise können wir den Kunden auf diese Weise auch dazu bringen, eine frühere Freigabe anzustreben, wenn er einmal gesehen hat, welche Qualität in den Anfängen steckt. Leute, die Prototyping betreiben, haben Angst vor frühen Versionen, weil Prototypen keine finale Qualität aufweisen. Doch XP produziert niemals etwas, auf das wir nicht stolz sein dürften, also können wir zu jedem Zeitpunkt ausliefern.

Wie messen wir den Geschäftswert einer Geschichte? Die kurze Antwort auf diese Frage ist, dass wir das gar nicht tun; d.h., die Entwickler und Projektmanager messen ihn nicht. Die Bestimmung des Geschäftswerts ist eine Entscheidung, die allein bei den Verantwortlichen des Unternehmens liegt. Es ist ihr Geschäft; sie kennen den Wert. Wenigstens sind diese Leute für so etwas in einer geeigneteren Position als wir. Wenn sie sich irren, dann müssen sie eben dafür bezahlen. Mit genügend Geld hat man das Recht, sich zu irren. Die Entwickler können Alternativen vorschlagen und Fragen stellen. Doch letztendlich ist der Geschäftswert immer Sache des Geschäftsbereichs.

Wie exakt sollten Sie den Wert der Geschichten ausrechnen? Auf das Komma genau muss es nicht stimmen; normalerweise lohnt es sich nicht einmal, einen Zahlenbetrag anzugeben. Wichtig sind die relativen Werte, so dass Sie nur einen ungefähren Sinn für Relativität brauchen.

Das sollte für den Anfang erst einmal genügen. Im Laufe der Versionsplanung werden Sie die Geschichten in Iterationen einteilen, wodurch man den Geschäftswert präziser bestimmen kann. Dafür benötigt der Geschäftsbereich jedoch noch einige Informationen.

Stellen Sie sich vor, Sie stehen vor dem neuen Auto, von dem Sie schon seit Jahren geträumt haben. Nun hat Ihre alte Rostlaube endlich das Zeitliche gesegnet, und zur Belohnung gönnen Sie sich ein Jahr mit diesem speziellen Geruch nach neuem Auto. Sie schließen gerade das Geschäft ab, als der Verkäufer fragt: »Hätten Sie den Wagen gerne mit dem Schiebedach?« Was antworten Sie?

Wenn Sie nicht überaus knauserig oder steinreich sind (oder frischer Luft überaus abgeneigt), werden Sie eine ganz bestimmte Information wollen: Wie viel kostet dieses Schiebedach für den Rover? Wenn es 10 Euro sind, würden Sie es wahrscheinlich nehmen. Bei 10.000 Euro würden Sie wohl ablehnen. Doch wenn der Spielraum derart groß ist, können Sie nicht entscheiden, ohne den Preis zu kennen.

Bei Software ist der Spielraum meistens so groß.

Und wer bestimmt den Preis? Es sind die Entwickler, die die Kosten veranschlagen, und zwar indem sie schätzen, wie groß der Aufwand sein wird (siehe Kapitel 12).

Technisches Risiko

Wenn sich die Entwickler die Geschichten ansehen, werden sie zwangsläufig darüber nachdenken, wie sie diese umsetzen werden. Dabei läuft die ganze Skala der unterschiedlichsten Gefühle ab, angefangen bei »kein Problem« bis hin zu »geht nicht«. Diese Gefühle sind wichtig, denn sie zeigen die Schwachstellen auf, an denen das Projekt scheitern könnte. Wenn die Entwickler nervös sind, sollten ihnen alle zuhören.

Diese Nervosität kann eine Reihe von Gründen haben:

- Die Entwickler sind sich unsicher, ob sie die Geschichte mit der gewünschten Genauigkeit einschätzen können.
- Die Geschichte hängt vielleicht von einer Software Dritter ab, der man nicht genug Vertrauen entgegenbringt.
- Die Entwickler wissen möglicherweise nicht, wie sie das gesamte System schnell genug machen sollen, zukünftigen Belastungen standzuhalten.
- Die Entwickler wissen nicht, wie sie das Programm heute gestalten sollen, damit ein geplantes Programm-Merkmal später eingefügt werden kann, ohne viel am System zu verändern.

Programmierer wollen im Allgemeinen risikoreiche Geschichten als Erstes angehen. Wenn dann etwas schief gehen sollte, merkt man es noch rechtzeitig genug, um sich mit dem Problem auseinanderzusetzen.

Einen Kompromiss finden

Wie Sie sehen, haben wir zwei verschiedene Kriterien, die von zwei unterschiedlichen Gruppen festgelegt werden. Wie können wir einen Kompromiss zwischen beiden finden? Die Programmierer wollen als Erstes die risikoreichen Geschichten in Angriff nehmen, die Kunden jedoch die Geschichten mit hohem Geschäftswert. Es kommt sehr häufig vor, dass man solche Prioritätskonflikte lösen muss.

Die Geschäftsleute sollten die Geschichten der Reihe nach ordnen. Diese Leute verstehen, dass es Unsicherheiten bei Schätzungen gibt. Sie gehen dieses Risiko tagtäglich mit ihren Finanzplanungen ein. Sie begreifen auch, dass eine Umstellung des Plans in den entsprechenden Fällen mit Kosten verbunden ist. Wenn sie jetzt ein Risiko eingehen wollen, um einen höheren Wert herauszubekommen, ist das wirklich ihre Angelegenheit. Die Aufgabe der Programmierer ist es, dieses Risiko sichtbar zu machen, nicht die Entscheidungen für den Kunden zu treffen.

Diese Regelung ist das ideal, doch manchmal brauchen Sie noch etwas mehr, damit sie funktioniert. Sie können es den Entwicklern beispielsweise erlauben, pro Iteration eine bestimmte Anzahl Geschichten auszuwählen, damit sie die risikoreichen vorziehen können.

Wir möchten betonen, dass Sie sich nicht zu viele Gedanken wegen der Planänderungen machen sollten. XP hat es zum Ziel, die Kosten für Umstellungen auf ein erträgliches Niveau zu reduzieren. Falls Sie sich in einer Situation befinden, wo Kosten für eine Nachkorrektur indiskutabel sind, sollten Sie entweder gar nicht erst XP verwenden, oder eine Arbeitsumgebung wählen, die Überarbeitungen einfacher machen.

Zugegebener Weise gehen in diesem Punkt unsere Meinungen etwas auseinander. Martin neigt eher als Kent dazu, Geschichten nach ihrem Risikopotential auszuwählen. Kent bezeichnet Martin wegen dieser Einstellung als Feigling. Und Martin gibt ihm da Recht.

Ein Beispiel für einen Versionsplan

Sehen wir uns die zeitliche Verzahnung des Versionsplans an. Die Informationen waren auf den Kärtchen notiert worden, doch wir haben für Sie nun alles in übersichtliche Tabellen übertragen (siehe Tabelle 13.1).

Die Geschwindigkeit des Teams haben wir mit sechs idealen Wochen pro Iteration bemessen. Wie Sie sehen, sind die Geschichten Iterationen zugeordnet worden. Eine Freigabe soll nach den ersten beiden Iterationen stattfinden und eine weitere zwei Iterationen später. (Die Abstände zwischen den Freigaben bzw. Versionsschritten sind ein wenig kurz, doch für ein Beispiel sollten sie genügen. Ohnehin verbietet uns eine Geheimhaltungserklärung, den Gesamtplan schon zwei Jahrhunderte vor Arbeitsbeginn bekannt zu machen.)

Einige Dinge sollten Sie beachten:

- Die Geschichte »Kundenprofil anlegen« ist in zwei Teile mit unterschiedlicher Priorität zerlegt worden. In diesem Fall stimmt die Summe der Schätzungen nicht mehr. Oft kommt es hin, doch manchmal auch nicht. Das ist kein Fehler. Jede Geschichte sollte für sich selbst eingeschätzt werden, weshalb so etwas vorkommen kann. Wenn wir eine Geschichte aufgliedern, stellen wir möglicherweise fest, dass sie umfangreicher ist, als wir dachten, oder wir brauchen vielleicht auch länger, wenn wir die beiden Teile separat bearbeiten. Der Grund ist normalerweise nicht von Bedeutung, also müssen wir ihn auch nicht vermerken.

- Der zweiten Iteration sind nur fünf ideale Wochen an Geschichten zugeordnet worden, obwohl als Gesamtzeitraum sechs Wochen vorgesehen sind. Das ist in Ordnung so – zusätzliche Arbeit, entweder neue Geschichten oder Teile späterer Geschichten, könnten noch hinzugefügt werden, wenn das Iterationsdatum näher rückt.

- Eine Notiz auf dem Kärtchen für »Hotelverfügbarkeit anzeigen« macht darauf aufmerksam, dass die Schätzung von anderen Arbeiten abhängt. Das ist nichts Ungewöhnliches, doch es lohnt nicht, sich darüber den Kopf zu zerbrechen. Diese Notiz wurde wahrscheinlich nur gemacht, als der Kunde überlegte, was er bei Iteration 2 angeben sollte.

Geschichte	Geschätzte Zeit	Zugewiesene Iterations-Nr.	Zugewiesene Versions-Nr.
Preiswertesten Flug finden	3	2	1
Verfügbare Flüge anzeigen	2	1	1
Verfügbare Flüge nach Eckdaten sortieren	4		2
Flugticket kaufen	2	1	1
Kundenprofil anlegen	4	1	1
Einfaches Kundenprofil anlegen	2	1	1
Vollständiges Kundenprofil anlegen	3		
Überblick Reiseroute	1	2	1
Reiseroute löschen	2		2

Tabelle 13.1 Zeitliche Verzahnung des Versionsplans

Geschichte	Geschätzte Zeit	Zugewiesene Iterations-Nr.	Zugewiesene Versions-Nr.
Einreisebestimmungen ausdrucken	4		2
Hotels anzeigen	3		2
Hotelverfügbarkeit anzeigen	2[a]		2
Erweiterte Hotelsuche anbieten	3		
Hotel buchen	1	2	1
Hotel/Raumfahrt-Programme anbieten	3		
Flugzeugvermietung anbieten	3		

a beträgt vier Wochen, falls »Hotels anzeigen« noch nicht vorhanden

Tabelle 13.1 Zeitliche Verzahnung des Versionsplans (Forts.)

- Es mag Ihnen seltsam erscheinen, dass »ein Hotel buchen« Iteration 2 zugeordnet ist, während »Hotels anzeigen« noch gar nicht eingeordnet wurde. Wie kann man ein Hotel buchen, wenn man es in der Liste gar nicht sehen kann? Hierbei ist es so, dass dieser Dienst noch nicht für den Nutzer verfügbar sein wird, jedoch schon in das System integriert ist, damit er zur Zufriedenheit des Kunden auf seine Funktionalität getestet werden kann. Nicht jedes Programm-Merkmal, das in die Iteration eingeht, muss auch für den Nutzer benutzbar sein; das Hauptkriterium besteht darin, dass es sich testen lässt. Oft sehen Sie dies in Fällen, wo Funktionalität in die grundlegende Geschäftslogik eingebaut werden muss, die Benutzerschnittstelle aber erst in einer späteren Iteration hinzugefügt wird.
- Wie Sie feststellen werden, gibt es keine Angaben zu der Iterationslänge oder der Teamgröße. Das ist Absicht, um deutlich zu machen, dass Sie für den grundlegenden Versionsplan diese Information eigentlich nicht benötigen. Sie brauchen lediglich die Schätzungen für die Geschichten und die Geschwindigkeit. Weiterhin benötigen Sie natürlich das aktuelle Datum und die Iterationslänge, um den Leuten sagen zu können, wann eine Iteration abgeschlossen sein wird, z.B. so ähnlich wie in Tabelle 13.2.

Ereignis	Datum
Beginn	1. Apr. 29
Freigabe 1 abgeschlossen	19. Apr. 29
Freigabe 2 abgeschlossen	10. Mai 29

Tabelle 13.2 Abschlussdaten für die Iterationen

- Es ist beruhigend zu wissen, dass selbst im 24. Jahrhundert das Jahresdatum zweistellig angeben wird.

Kapitel 14

Ereignisse bei der Versionsplanung

»Leben ist das, was Ihnen zustößt, während Sie damit beschäftigt sind, andere Pläne zu machen.«
John Lennon

Verschiedene Ereignisse zwingen das Team aufs Neue zur Versionsplanung. Der Kunde fügt neue Geschichten hinzu und ändert die Prioritäten, die Entwickler schätzen die Geschichten, und das Team stellt fest, dass es zu viel oder zu wenig zu tun hat.

Bei der Planung werden Sie bemerken, dass Sie sich mit einer Reihe von Dingen auseinandersetzen müssen. In diesem Kapitel behandeln wir die unterschiedlichen Ereignisse bei der Versionsplanung und erläutern, wie Sie darauf reagieren sollten.

Die Prioritäten von Geschichten ändern

Unternehmen ändern häufig ihre Prioritäten. Wenn wir den Kunden jeweils nur so viele Geschichten auswählen lassen, wie in einer Iteration Platz haben, geben wir ihm Gelegenheit, seine Entscheidungen aufgrund aktueller Informationen hinsichtlich der Prioritäten und Kosten zu treffen.

Eine Geschichte hinzufügen

Wenn Sie XP mit vielen anderen Methoden vergleichen, die es gibt, besteht der größte Unterschied für den Kunden darin, dass er nicht alle seine Wünsche schon vor Entwicklungsbeginn bis ins Detail festlegen muss. Dass sich Anforderungen mit der Zeit wandeln können, ist völlig vernünftig und logisch, ja sogar erstrebenswert. Die Anforderungen können sich nach Belieben wandeln, solange wir wissen, wohin sich die Entwicklung bewegt, und der Kunde über die Auswirkungen informiert wird. Ja, wir helfen sogar mit, dass sich die Anforderungen ganz ungehindert entwickeln, um so herauszufinden, was genau der Kunde braucht.

Der Kunde kann jederzeit eine neue Geschichte hinzufügen. Er schreibt die Geschichte, wie wir in Kapitel 11 beschrieben haben. Dann schätzt die Entwicklungsabteilung den idealen Aufwand für die Geschichte ein. Danach kann der Kunde eine beliebige Iteration für die Geschichte bestimmen. Er muss sich dabei lediglich an die Regel halten, dass die Summe der geschätzten Geschichten pro Iteration nicht die Arbeitsgeschwindigkeit des Teams übersteigen darf. Der Kunde darf Geschichten auch nach Belieben umstellen, um Platz für die neue Geschichte zu schaffen.

Den Versionsplan neu aufstellen

Die meisten Dinge, die wir hier ansprechen, sind geringfügige Veränderungen am Versionsplan. Ein paar Geschichten müssen Sie zurückstellen, andere verschieben. Solche kleinen Änderungen halten den Plan in Form, doch manchmal werden Sie gezwungen sein, gravierendere Korrekturen vorzunehmen.

In den folgenden Fällen sollten Sie den Plan neu aufstellen:

- Wenn der Stapel der zurückgestellten Geschichten zu hoch geworden ist. Wegen ein paar Geschichten, die Sie auf später verschoben haben, lohnt es sich nicht, den ganzen Plan umzuwerfen, doch wenn sich genügend solcher Geschichten angesammelt haben und Sie sicher sind, dass Sie nicht mehr alle bewältigen können, ist es an der Zeit etwas zu unternehmen.
- Wenn sich die Geschwindigkeit des Teams verändert, sind alle zuvor gemachten Schätzungen hinfällig und Sie brauchen einen neuen Versionsplan.

Eine Neugestaltung des Plans beginnt damit, dass die Entwickler die Geschichten neu einschätzen. Die anfänglichen Schätzungen waren nach bestem Wissen und Gewissen gemacht worden, doch inzwischen haben alle dazugelernt. In eine Umarbeitung kann all dieses erworbene Wissen mit einbezogen werden. Bei der Neubewertung können die Entwickler die aktuellen Zahlen der letzten Geschichten nutzen, um genauere Schätzungen zu erreichen. Die Neueinschätzung ist besonders in der Frühphase der Entwicklung wichtig, da die ersten Versionspläne zwangsläufig die ungenauesten sind.

Nachdem die Entwickler die Geschichten neu geschätzt haben, wählt der Kunde einige aus, die zusammenpassen. Machen Sie sich einfach unbeirrt an die Matheaufgaben! Haben Sie pro Iteration Geschichten im Wert von 8 Wochen vorgesehen und insgesamt drei Iterationen eingeplant, kann der Kunde für diese

Version Geschichten mit einem Umfang von 24 Wochen auswählen. Die restlichen Geschichten wird er möglichst bald nach der Freigabe erhalten.

Sie sollten damit rechnen, dass Sie den Plan nach jeweils drei oder vier Iterationen umstellen müssen. Es ist nicht notwendig, ihn ständig zu überarbeiten, da dies viel Zeit in Anspruch nimmt, doch Sie sollten es regelmäßig tun. Stellen Sie es sich dies so wie einen Ölwechsel vor: Sie *müssen* es nicht machen, aber Sie wären schön blöd, es nicht zu tun.

Kapitel 15

Der erste Plan

Der erste Plan kostet die meiste Arbeit und ist der ungenaueste Teil der Versionsplanung. Glücklicherweise müssen Sie ihn nur einmal erstellen.

Den ersten Plan erstellen

Jetzt wissen Sie also, wie ein Versionsplan aussieht und wie man damit arbeitet. Sie sollten sich vor Augen führen, dass die Genauigkeit des Plans von der Genauigkeit seiner Schätzungen abhängt, und deren Genauigkeit erwächst aus der Vorgeschichte des Projekts. Der aller erste Plan hat noch keine Vorgeschichte, also werden Ihre Schätzungen etwas konfus. Und wie sieht dann der erste Plan aus?

Konfus. (Stellen Sie sich Kramer aus der Fernsehserie Seinfeld vor, wenn er zu viel Kaffee getrunken hat.)

Aber einen Plan brauchen Sie für den Anfang trotzdem. Der Plan gibt Ihnen etwas, nach dem Sie sich richten können, damit Sie die Fortschritte beurteilen können. Er bietet einen Rahmen aus Geschichten, der Ihnen hilft, Entwicklungen zu erkennen und eine Projekthistorie aufzubauen, um die nachfolgenden Pläne besser zu machen. In den ersten Plan werden immer hohe Erwartungen gesetzt, doch gewöhnlich wird er diesen nicht gerecht.

Beim ersten Plan gibt es zwei hauptsächliche Unsicherheitsbereiche: Die Geschwindigkeit des Teams und die Größe der Geschichten. Hier sind ein paar Tipps, wie Sie unter diesen Umständen am besten klar kommen:

Geschwindigkeit muss gemessen werden. Erst nach einigen Iterationen werden Sie einen verlässlichen Eindruck der Geschwindigkeit im Projekt bekommen. Solange Sie nicht messen können, müssen Sie raten.

Eine gute Methode zum Raten der Geschwindigkeit besteht darin, den Fortschritt zu messen, während Sie die ersten Geschichten schreiben und einschätzen. Nehmen Sie zur Analyse verschiedene Aufgaben aus einem Iterationsplan und beobachten Sie, wie das Team vorankommt. Protokollieren Sie die ideale Zeit, die die Mitarbeiter für die Erledigung der Aufgaben angeben, in der Weise wie Sie auch den Fortschritt einer Iteration verfolgen. Schauen Sie sich an, wie viel ideale

Zeit das Team beansprucht, und benutzen Sie diese als Grundlage. Sagt ein Programmierer: »Das schaffe ich in einem Tag«, überprüfen Sie, wie lange er wirklich benötigt. Wenn »ein Tag Arbeit« generell drei Kalendertage in Anspruch nimmt, sollten Sie zum Raten der Teamgeschwindigkeit die folgende Formel zugrunde legen: Anzahl der Mitarbeiter × Wochen/Iteration/3.

Falls in Ihrer Organisation noch ein anderes Team ein ähnliches Projekt bearbeitet, können Sie sich an dessen Geschwindigkeit orientieren, um Ihr Team einzuschätzen. Dort arbeiten sechs Leute an Iterationen mit Drei-Wochen-Zyklus. Das ergibt 18 Kalenderwochen pro Iteration. Die Teamgeschwindigkeit beträgt sechs. Sie dagegen haben vier Leute, die Iterationen im Zwei-Wochen-Zyklus bearbeiten. Das macht acht Kalenderwochen pro Iteration. Sie sollten Ihre Geschwindigkeit also als 6 × 8/18 einschätzen, was ungefähr 2 ergibt.

Es ist am Anfang ziemlich schwierig, die Geschichten einzuschätzen. Als erfolgreichste Methode hat sich jedoch erwiesen, das Team mit den Geschichten beginnen zu lassen, bei deren Schätzung es das beste Gefühl hat. Um diese ersten Geschichten einzuschätzen, sollen sich die Mitarbeiter die folgende Frage stellen: »Wenn diese Geschichte alles wäre, was ich zu tun hätte, und ich hätte keinerlei Ablenkungen, wie lange würde ich meiner Meinung nach brauchen?« Wenn das Team mit den einfach einzuschätzenden Geschichten fertig ist, bewertet es die anderen im Vergleich dazu, etwa wie bei historischen Schätzungen.

Eventuell haben Sie noch ein anderes Team, das schon einmal eine ähnliche Arbeit gemacht hat. Wie können Sie diese Erfahrungswerte nutzen? Nicht, indem Sie dieses Team die Geschichten für Sie schätzen lassen. Sonst verstoßen Sie gegen die Regel, dass diejenigen, die am Projekt arbeiten, auch die Schätzungen abgeben sollen. Wenn Ihre Mitarbeiter sich an die Schätzungen anderer halten sollen, zeigen sie weniger Engagement und die Arbeitsmoral wird untergraben. Vermeiden Sie dies.

Sie können Ihren Leuten jedoch die Historie des anderen Teams zeigen, damit sie auf dieser Grundlage ihre eigenen Überlegungen anstellen können. Passen Sie aber auf, dass die Vergleiche nicht zu diffizil werden. Wenn Sie nämlich einmal damit anfangen, die Geschwindigkeit des einen Teams mit der des anderen zu vergleichen, bekommen Sie alle möglichen emotionalen Reaktionen zurück, die sachliche Überlegungen behindern. Hilfreich kann es sein, schon im Vorfeld zu versuchen, alle Themen aufzuspüren, die zur Sprache kommen könnten. Geschickt ist es auch, lediglich den relativen Arbeitsaufwand zwischen einzelnen Aufgaben zu vergleichen: »Hier hat das Team wieder halb so lange gebraucht, um die Objekte mit der relationalen Datenbank zu koppeln, also gehen wir bei unserer Arbeit von derselben Relation aus.«

Ihre Iterationslänge festlegen

Wie lang sollte eine Iteration sein? Es gibt viele Befürworter der iterativen Entwicklungsmethode, doch nicht alle haben zu diesem Thema dieselbe Meinung. Manche Leute sagen, dass eine Iteration bis zu sechs Monate lang sein kann. Wir dagegen gehen in die andere Richtung: Iterationen sollten kurz sein – zwischen ein und drei Wochen. Wir ziehen zwei Wochen vor, und unlängst hat eine Umfrage in der XP eGroup (`http://www.egroups.com/group/extremeprogramming`) gezeigt, dass Längen von zwei und drei Wochen am beliebtesten sind.

Iterationslänge	Stimmen	Prozent
<1 Woche	0	0 %
1 Woche	7	19 %
2 Wochen	14	38 %
3 Wochen	12	32 %
4 Wochen	3	8 %
1 Monat	1	3 %
>1 Monat	0	0 %

Tabelle 15.1 Frage: Wie lange dauern Ihre Iterationen ? [a]

a Gemessen an 37 Antworten

Warum sollten Iterationen so kurz sein? Eine der wichtigsten Anforderungen, die wir an einen Plan stellen besteht im Aufzeigen des Arbeitsfortschritts: Wie weit sind wir, wie weit müssen wir noch kommen? Die iterative Entwicklungsmethode hilft uns, die Fortschritte zu beurteilen, da jede Iteration funktionsfähigen, getesteten Code liefert, bei dem man nicht schummeln kann. Doch ein Meilenstein kommt erst mit dem Ende einer Iteration. Je länger die Iteration dauert, desto größer ist das Risiko, dass Sie ein bisschen aus der Spur geraten. Halten Sie jede Iteration so kurz wie möglich, damit Sie so oft wie möglich erkennen können, wo Sie sich gerade befinden.

Die Zeit kann aber auch zu kurz werden, denn jede Iteration impliziert einen gewissen zusätzlichen Aufwand:

- Es muss sichergestellt werden, dass die Akzeptanztests laufen.
- Die Iteration muss geplant werden.
- Dem Management muss Bericht erstattet werden.

Dieser zusätzliche Aufwand sollte natürlich nicht größer sein als das, was wir in der Iteration erledigen wollen. Falls er das ist, hören wir auf zu planen und zu segmentieren.

Halten Sie sich nicht zu lange mit der Wahl der richtigen Iterationslänge auf. Die Welt geht schon nicht unter, falls Sie dreiwöchige Zyklen statt zweiwöchiger nehmen. Solange Sie sich bewusst sind, welche Auswirkungen die Iterationslänge haben kann, und bereit sind, etwas Neues auszuprobieren, wenn Probleme auftauchen, können Sie mit jeder beliebigen Länge beginnen. Fangen Sie also mit zweiwöchigen Iterationen an.

In diesen Zusammenhang gehört auch die Frage, wann eine Iteration beginnen sollte. Wir waren überrascht, als wir sahen, wie viele Teams mit ihrer Arbeit nicht an einem Montag beginnen. Einer von Kents Kunden begründete das besonders einleuchtend: »Montag ist ein Scheißtag. Planung ist Scheißarbeit. Warum sollten wir auch noch beides zusammenlegen?« Dieser Kunde beginnt Iterationen dienstags und ist mit dieser Vereinbarung sehr zufrieden. Die Mitglieder des Teams können den letzen Montag der Iteration dazu nutzen, Ordnung zu schaffen, Demos vorzubereiten und noch ein paar Tests extra zu schreiben. Am nächsten Tag sind sie dann bereit, etwas Neues in Angriff zu nehmen.

Zu Beginn

Wenn Sie den Plan schließlich fertig haben, wie gehen Sie dann zur Programmierung über? Sie können die Arbeit schlecht aufteilen, wenn Sie nur eine Klasse haben.

Wir haben gute Erfahrungen mit einem großen Raum gemacht, wo man einen Projektor an den Computer anschließen konnte. Bringen Sie das ganze Team zusammen – Programmierer, Kunden und Manager. Verbringen Sie ein paar Tage damit, Tests zu schreiben, diese zu erfüllen und das Design weiterzuentwickeln. Am Ende sollten Sie dann genug Teile zusammen haben, an denen drei oder vier Paare selbstständig weiterarbeiten können.

Eine andere Idee für den Anfang (vielen Dank an Michael Hill!) ist die Iteration ohne Funktionalität. Oft gibt es eine Menge kleiner technischer infrastruktureller Aufgaben zu erledigen, bevor Sie mit der Programmierung beginnen können:

- Das Rahmenwerk für die Tests muss funktionieren.
- Die automatisierte Struktur für die Teilversionen (Builds) muss funktionieren.
- Das Netzwerk mit allen entsprechenden Berechtigungen muss laufen.
- Die grundlegenden Installationsskripte müssen erstellt werden.

Es ist nicht sehr erstrebenswert, sich bereits in einer ersten Iteration auf Funktionalität festzulegen, um dann am Ende den Kunden enttäuschen zu müssen, weil Sie es nicht hingekriegt haben, dass das Dingsbums Verbindung mit dem Soundso bekommt. Wenn Sie vorher noch nie mit Ihrer Technologie gearbeitet haben, sollten Sie in Betracht ziehen, sich erst einmal zwei Wochen Zeit zu nehmen, um den Mechanismus in den Griff zu bekommen, bevor Sie mit dem Programmieren anfangen.

Kapitel 16

Variationen in der Versionsplanung

Individuelle Anpassungen bei der Versionsplanung sind kürzere Versionen, längere Versionen und kürzere Geschichten.

Wo auch immer XP implementiert wird, durchläuft es schnell eine Evolution (siehe Kapitel 27). Hier folgen Beispiele für Variationen, auf die wir gestoßen sind.

Kurze Versionen

Manchmal sind schnell aufeinander folgende Versionsschritte möglich – beispielsweise schon nach jeder Iteration. Dies kann bei der Entwicklung für interne Zwecke der Fall sein oder bei Application Service Providern, bei denen die Kunden entfernt arbeiten, jedoch Thin-Clients verwenden und Sie den Server ganz unter Ihrer Kontrolle haben.

In der Regel ist das positiv. Jede Iteration liefert ein funktionsfähiges Produkt, das im Prinzip sofort ausgeliefert und in Betrieb genommen werden kann. Das setzt natürlich voraus, dass Sie sehr viel Vertrauen in Ihre Tests und einen extrem automatisierten Build-Prozess haben. Doch wenn Sie mit XP arbeiten, sollten Sie dies ohnehin besitzen.

Bei kurzen Versionen brauchen Sie eigentlich gar keine Zielsetzung für eine Freigabe. Sie können sich eine Iteration nach der anderen vornehmen und jeweils ein bis zwei Iterationen vorausplanen. Das ermöglicht es Ihnen, sehr genau auf den Kunden einzugehen. Er hat Kontrolle über den Prozess, da er durch das schnelle Feedback immer sofort die Ergebnisse sieht.

Es besteht allerdings die Gefahr, es niemals zu »einer fertigen Version« zu bringen. Der Kunde könnte den strategischen Überblick darüber verlieren, wohin sich die Software entwickeln soll. In so einem Fall verbringt er so viel Zeit mit der Auswahl von kurzfristig verfügbaren Features, dass er wichtige längerfristige Anforderungen aus dem Blick verliert.

Die Version kann als längerfristiger Meilenstein wieder aufgenommen werden. In einem Vierteljahr hoffen wir soweit gekommen zu sein, ein Quartal später dann bis dorthin. Selbst wenn Sie also nach jeder Iteration eine funktionsfähige Version haben, vergessen Sie nicht, gleichzeitig auch quartalsweise vorauszuplanen. Ein solcher Plan ist zwar nicht besonders hilfreich, um die Zukunft eines Projekts genau vorauszusagen, doch allein die Planungstätigkeit für diese längeren Versionen ist eine wichtige Erfahrung. (Hat so etwas nicht mal irgendein General gesagt?)

Lange Versionen

Was ist, wenn Sie nur einmal im Jahr eine Version herausbringen können?

Unsere erste Reaktion angesichts dieser Tatsache ist es, sie anzuzweifeln. Vielleicht gibt es doch einen Weg, häufigere Freigaben zu erreichen.

Ein typisches Beispiel für lange Versionen ist das Ersetzen eines vorhandenen Systems. Da Sie dabei all die Dinge tun müssen, die das alte System erledigt hatte, können Sie nichts herausbringen, was nur einen Teil der Features umfasst.

Suchen Sie in einem solchen Fall nach einer Möglichkeit, wie die alten und neuen Features nebeneinander weiter existieren können. Machen Sie einige Verträge mit dem alten System aus, einige mit dem neuen, und bewegen Sie sich mit jeder Version schrittweise zum neuen System weiter. Diese Vorgehensweise impliziert zwar zusätzliche Arbeit, um Daten zwischen den Systemen zu migrieren und die Benutzerschnittstellen zu integrieren, doch die daraus resultierende Risikominderung lohnt sich meistens.

Ein anderer Fall ist Standard Software. Viele Nutzer möchten einfach bei ihrer Software nicht jedes Vierteljahr ein Update durchführen, und auch die Marketing-Abteilung hat meist kein Interesse, sich mit diesen Abläufen zu belasten. In solchen Fällen sollten Sie versuchen, denjenigen Kunden Zwischenergebnisse zukommen zu lassen, die ein größeres Interesse an diesen Versionen haben könnten. Nennen Sie diese doch einfach Service-Packs, oder ähnlich. Auf diese Weise können wenigstens einige Nutzer das System verwenden, das Sie entwickeln, und Sie bekommen das nötige Feedback für Ihre Arbeit.

Häufige Versionsschritte sind gut, aber selbst wenn Sie nicht so oft eine Version herausgeben können, müssen Sie auf XP nicht komplett verzichten. Es könnte beispielsweise sinnvoll sein, frühe Versionen herzustellen, die nur für den internen Gebrauch bestimmt sind. Diese sollten genügen, um hilfsbereite Nutzer unter kontrollierten Bedingungen damit herumspielen zu lassen und eine Richtlinie für die Planung zu bieten.

Kurze Geschichten

Manche Teams arbeiten lieber mit mehreren kleinen Geschichten. Statt vier oder fünf Geschichten für je zwei Wochen, ziehen sie es vor, 25 Geschichten à je zwei Tage einzuplanen. Dies erlaubt dem Kunden ebenfalls eine genauere Kontrolle über die Aktivitäten des Teams. Der Preis hierfür ist jedoch weniger Flexibilität im Team und eine stärkere Einbindung des Kunden.

Räumliches Denken

James Goebel hat uns diese Geschichte geschickt:

Bei *Java Factory* von *Interface Systems* haben wir die Situation, dass ein Produktmanager für die Planung von langfristigen Versionen verantwortlich ist, ein Berater-Team kurzfristige Anforderungen entsprechend des Kundenbedarfs erarbeitet und ein Kundendienstmanager für die Klassifizierung von Programmfehlern und die Zeitplanung für die Fehlerbehebung zuständig ist.

Um diese verschiedenen Positionen unter einen Hut zu bekommen, entwickelten wir ein paar einfache Hilfsmittel. Das erste Mittel ist zweifellos, dass auf der Karteikarte für jede Geschichte nun auch der verantwortliche Kundenvertreter aufgeführt wird, damit der Programmierer sich leicht erinnern kann, an wen er sich mit einer Frage richten muss. Als zweites Hilfsmittel gestalteten wir einen Spieltisch für das Planungsspiel, der für jede Iteration eine Anzahl freie Felder von ca. 21 cm × 28 cm bereit hält, deren Zahl mit den Zwei-Wochen-Geschichten übereinstimmt, die in der nächsten zweiwöchigen Iteration Platz haben.

Nachdem alle Geschichten vom Team geschätzt worden sind, wird eine Kopie der physischen Karte proportional zu allen anderen Geschichtskarten zurechtgeschnitten: dreiwöchige Geschichten auf eine Größe von ungefähr 21cm × 42cm, zweiwöchige auf 21cm × 28cm, einwöchige auf 21cm × 14cm, halbwöchige auf 21cm × 7cm und so weiter. Dann kommt der »Komitee-Kunde« hinzu, um zu entscheiden, wie die Kärtchen auf dem Spielfeld angeordnet werden sollen. Da alle Karten so zugeschnitten sind, dass die Rechenarbeit dank des optischen Eindrucks schnell erledigt ist, kann man sich beim Meeting auf die konkurrierenden Geschäftsinteressen konzentrieren und den Versionsplan innerhalb weniger Stunden aufstellen. Den ganzen Iterationszyklus hindurch steht dieser Spieltisch bereit, so dass bei jeder neu hinzukommenden Geschichte, die sofortiger Aufmerksamkeit bedarf, derselbe »Komitee-Kunde« schnell entscheiden kann, wie der Plan angepasst werden soll, um die Neuverteilung der Ressourcen zu bewerkstelligen.

Kapitel 17

Iterationsplanung

Eine Iteration wird geplant, indem man die dazugehörigen Geschichten in einzelne Aufgaben aufgliedert. Um den Zeitplan für die Aufgaben aufzustellen, bittet man die Programmierer, sich für gewünschte Aufgaben einzutragen, diese zu schätzen und dann wenn nötig umzuverteilen.

Der Versionsplan wird auf den Rhythmus des Unternehmens abgestimmt. Dadurch bekommen die Geschäftsleute eine Vorstellung davon, welche Gruppen von Geschichten zusammengenommen für den Markt sinnvoll sind. Der Iterationsplan dagegen wird auf den Programmier-Rhythmus abgestimmt. In zwei Wochen ist genügend Zeit um:

- einiges an Funktionalität zu entwickeln,
- ein umfassendes Refactoring durchzuführen,
- ein wenig Infrastruktur aufzubauen,
- ein paar Experimente auszuprobieren,
- sich von kleineren Rückschlägen zu erholen.

Anders als beim Versionsplan liegt der Iterationsplan überwiegend in den Händen der Programmierer. Sie sind diejenigen, die entscheiden, wie und in welcher Reihenfolge die Arbeit getan werden soll. Doch auch der Kunde ist weiterhin beteiligt. Es ist wichtig, ihm nach der Hälfte einer Iteration Bericht zu erstatten, damit er einen Überblick über die Abläufe und ein Gefühl dafür bekommt, worauf die Entwicklung letztendlich abzielt. Der Kunde wird ebenfalls hinzugezogen, wenn das Team feststellt, dass es zu viel zu tun hat, und der Arbeitsumfang begrenzt werden soll.

Der offizielle Start der Iteration sind die Besprechungen zur Iterationsplanung, wo sich die Programmierer zusammensetzen, um die Geschichten für den kommenden Zyklus in einzelne Aufgaben klein zu brechen. Wir tun das, weil wir für die Verfolgung Einheiten benötigen, die kleiner sind als eine komplette Geschichte. Jede Aufgabe hat einen Arbeitsumfang von ungefähr ein bis drei idealen Tagen. Oftmals kann es zwar sinnvoll sein, einen Programmierer eine ganze

Geschichte bis zu ihrem Abschluss betreuen zu lassen, doch besser ist es, wenn unterschiedliche Leute die kleineren Aufgaben übernehmen, damit jeder seine individuelle Spezialisierung einbringen kann. Es kann vorkommen, dass einige Geschichten einige Tätigkeiten gemeinsam haben. Mit diesen Fällen können wir besser umgehen, wenn diese Geschichten ihre Aufgaben untereinander teilen. Schließlich müssen wir uns innerhalb der Iteration mit den verschiedenen Abhängigkeiten befassen, die so viele Planer in den Wahnsinn treiben.

Nach den Besprechungen zur Iterationsplanung übernimmt ein Mitarbeiter die Verantwortung für die Iterationsverfolgung (siehe Kapitel 19). Diese Person, der »Tracker«, behält den Überblick darüber, welche Aufgaben bereits fertig sind und welche es noch zu erledigen gibt. Es liegt in seiner Zuständigkeit, das Team auf mögliche Probleme aufmerksam zu machen: zu viel oder zu wenig Arbeit, Mitarbeiter mit zu viel oder zu wenig Engagement und so weiter. Jeden Tag kommt das Team zu einer kurzen Besprechung zusammen, damit jeder sehen kann, woran die anderen gerade arbeiten. Dadurch bleibt der Informationsfluss im gesamten Team erhalten.

Niemals einen Termin verpassen

Einer der wichtigsten Planungsgrundsätze für das Extreme Programming lautet, dass die Termine unveränderlich sind, der Arbeitsumfang jedoch variieren kann. Bei jedem Projekt geraten Sie früher oder später in eine Situation, wo Sie einfach zu viel Arbeit haben. Dann könnten Sie der Versuchung unterliegen, den Endtermin einer Iteration mal eben eine Spur nach hinten zu verschieben, um noch ein bisschen mehr Funktionalität unterbringen zu können.

Tun Sie das nicht!

Das Verpassen von Terminen ist eine jener schlechten Angewohnheiten, die sich so schnell nicht mehr abstellen lassen und großen Schaden anrichten. Was sie so schädlich macht, ist die Tatsache, dass es so einfach geht. Irgendwann jedoch werden Sie an einem Punkt sein, wo Sie schon so viele Termine verpasst haben, dass Sie jede Glaubwürdigkeit verlieren (und auch das Projekt), oder Sie erreichen ein Datum, bei dem es vernichtend wäre, es nicht einzuhalten – einen Freigabetermin beispielsweise. Solche Probleme entstehen, wenn ein Team sich nicht anders zu helfen weiß, als Fristen zu überschreiten, und später ist dann das Gejammer groß.

Eine nicht ganz so einfache, aber sicherere Strategie bei zu viel Arbeit besteht darin, die Funktionalität hinten anzustellen. Da diese Methode schwieriger ist, darf man nicht vergessen, sie bei Zeiten einzuüben. Nur wenn das Team (und insbesondere der Kunde) diese Vorgehensweise bei jeder Iteration durchexerziert, werden alle in der Lage sein danach zu handeln, wenn der wirklich wichtige Termin näher rückt. Dann sind die entscheidenden Geschichten diejenigen, von denen der Kunde meint, dass er im Augenblick auf sie verzichten kann. Solche Geschichten können ein Projekt retten.

Manchmal kann es aber auch besser sein, den Termin für die Freigabe einer Version zu verschieben. Das muss dann der Kunde entscheiden. Viele Dinge außerhalb des Projektplanungsbereichs fließen in diese Entscheidung mit ein. Nur wenn alle Beteiligten im Verschieben von Funktionalität geübt sind, hat der Kunde eine reelle Wahlmöglichkeit zwischen Termin und Funktion. Wir sind immer wieder überrascht, auf wie viele »absolut notwendigen« Funktionen Kunden plötzlich verzichten können, wenn ein wichtiger Termin bevorsteht.

Oft kann man diese schwerwiegenden Entscheidungen erst dann treffen, wenn die dringenden Termine schon vor der Tür stehen, und ohne Übung ist man nicht in der Lage unter Druck zu handeln. Jim Highsmith sagt dazu: »Ich dachte immer, der Kampf gegen die Zeit hätte etwas mit Zeit zu tun. Doch ich habe gelernt, dass es statt dessen darum geht, sich das ganze Projekt hindurch immer wieder zu solchen schwierigen Entschlüssen durchzuringen, die Abstriche zur Folge haben.«

Der andere Grund, warum Sie Termine nicht verpassen sollten, ist die Gefahr, die Kontrolle zu verlieren. Innerhalb jeder Iteration gibt es eine gewisse Unsicherheit. Erst am Zyklusende wissen Sie wirklich, wo Sie stehen. Daher sollte es in Ihrem Interesse sein, diesen Zeitpunkt nicht hinauszuzögern.

Kapitel 18

Besprechung zur Iterationsplanung

Zu Beginn jeder Iteration stellt das Team einen Iterationsplan auf. Dieser Plan unterteilt die Iteration in Entwicklungsaufgaben für einige Tage. Für jede Aufgabe gibt es einen Programmierer, der für ihre Fertigstellung verantwortlich ist.

Die Besprechung zur Iterationsplanung ist das Erste, was Sie in einer Iteration tun müssen. Die Sitzung sollte nicht länger als einen Tag in Anspruch nehmen, wobei die meisten Teams schneller damit fertig sind. An den Besprechungen sollte das gesamte Team teilnehmen, einschließlich des Kunden. Wählen Sie für das Treffen einen freundlichen Raum mit einer ausreichend großen Wandtafel.

Hier folgt ein Überblick über den Ablauf des Treffens. (Dies ist nur eine Kurzfassung. Wir werden gleich näher auf alle Punkte eingehen.)

- Lesen Sie die Geschichten für die Iteration vor.
- Notieren Sie auf der Tafel für jede Geschichte alle dazugehörigen Aufgaben.
- Setzen Sie alle technischen Aufgaben auf die Liste, die erledigt werden müssen.
- Die Entwickler wählen sich Aufgaben ihrer Geschwindigkeit entsprechend aus und schätzen sie ein.
- Konnten die Aufgaben für eine Geschichte nicht komplett verteilt werden, wird der Kunde gebeten, ein paar Geschichten zurückzustellen.
- Ist noch Zeit frei, wird der Kunde gebeten, weitere Geschichten hinzuzufügen.

Die Geschichte verstehen

Als Erstes sollten Sie allen Mitarbeiter in Erinnerung rufen, was für diese Iteration auf dem Plan steht. Oftmals ist es eine gute Idee, den Kunden die Geschichten vorlesen zu lassen, so dass sie jeder einmal aus seiner Perspektive hört.

Als grober Anhaltspunkt und Gedächtnisstütze für eine Geschichte ist ein kurzer Satz auf einer Karteikarte ausreichend. Doch das genügt selbstverständlich nicht, um die Geschichte auszuarbeiten, geschweige denn den Quellcode zu schreiben. Der Kunde sollte für die Besprechungen zur Iterationsplanung also genauere Angaben zu den Geschichten vorbereiten. Hierfür haben wir verschiedene Methoden:

- Am einfachsten ist es, wenn der Kunde einen kurzen Vortrag über die Geschichte hält. Das ist unkompliziert, erfolgt mündlich und funktioniert meist sehr gut.
- Die zweite Möglichkeit wäre, dass der Kunde eine detaillierte Beschreibung der Geschichte schriftlich vorbereitet. Das sind ein paar Seiten Information, die dem Team als Stütze dienen. Diesen Text nennen wir Erzählung. (Bei Drucklegung gab es in Martins aktuellem Projekt für die nächste Iteration keine Erzählungen, die mehr als vier Seiten umfassten.)
- Der aufwändigste Ansatz besteht darin, eine vollständige Serie von Akzeptanztests für die Geschichte vorzubereiten.

Die Akzeptanztests brauchen Sie im Endeffekt sowieso, also sind Tests das beste Mittel, um für Geschichten stützende Informationen zu erhalten. Leider scheint es unmöglich zu sein, diese Tests bereits am Anfang der Iteration zu bekommen. Als vernünftige Alternative kann die Erzählung dienen, vorausgesetzt, dass allen Mitarbeitern klar ist, dass sie eine Hilfe für den Meinungsaustausch sein soll, nicht ein Ersatz für Kommunikation.

Finden Sie heraus, was in Ihrem Fall das Optimale ist. Im Laufe von ein paar Iterationen werden Sie erkennen, welche Methode bei Ihrem Team am besten funktioniert.

Die Aufgaben für eine Iteration aufzählen

Jede Geschichte hat einen Arbeitsumfang von wenigen idealen Wochen. Also müssen wir im nächsten Planungsschritt die Geschichte auf mehrere kleinere Aufgaben reduzieren, von denen jede ein paar ideale Tage Arbeit umfassen sollte. Diese Aufgaben sind reine Entwicklungsaufgaben, deren Zweck für den Kunden nicht verständlich sein muss.

Die beste Methode zur Bestimmung der Aufgaben ist ein Brainstorming mit allen Beteiligten. Dazu gehört natürlich auch, sich zu überlegen, wie die Geschichte aufgebaut werden soll. Sie brauchen sich dabei nicht allzu viele Gedanken über die genaue Gestaltung zu machen, aber versuchen Sie eine Liste mit genügend

Aufgaben zu erarbeiten. Schauen Sie sich die Klassen und Interaktionen an, die Sie hinzufügen oder abändern müssen. Denken Sie daran, dass hier das Ziel nicht darin besteht, schon alles, was für die Iteration gebraucht wird, fertig zu gestalten. Es geht lediglich darum herausfinden, wie man die Aufgaben am Besten einteilen kann. Über die Gestaltung sprechen Sie später, wenn Sie die einzelnen Aufgaben ausführen.

Oft kann es vorkommen, dass sich Geschichten überschneiden. Solche Überlagerungen sind eine gute Gelegenheit, Software zu entwickeln, die für verschiedene Geschichten gleichzeitig geeignet ist. Vielleicht haben Sie aus vorangegangenen Iterationen noch Ergebnisse, die mit ein bisschen Refactoring der neuen Iteration weiterhelfen können. Notieren Sie auch Aufgaben für dieses Vorhaben. Es ist immer von Vorteil, Aufgaben zu haben, die mehr als einer Geschichte dienen.

Beispielsweise könnte für einige der Geschichten eine Funktion gebraucht werden, bei der schon während der Texteingabe in ein Feld in einer Liste nach der möglichen Vervollständigung dieses Texts gesucht wird. Es wäre eine Schande, wenn Sie diese Komponente drei oder vier Mal für jede Geschichte neu entwickeln würden. Machen Sie daraus also eine Aufgabe. Vielleicht muss diese Funktion auch bei anderen Geschichten aus vorangegangenen Iterationen nachträglich eingebaut werden. Dann können Sie diesen Umbau als separate Aufgabe vormerken.

Wahrscheinlich werden Sie auf Abhängigkeiten zwischen einzelnen Aufgaben stoßen. PERT-Diagramme und ähnliche Monstermethoden werden Sie dafür aber nicht brauchen. Bei einem Team, das einige Wochen hindurch miteinander kommuniziert, können Sie sich darauf verlassen, dass es diese Abhängigkeiten in den Griff bekommt. Es lohnt sich, die Aufgaben durchzusprechen, um zu bestimmen, mit welchen man sich als Erstes beschäftigt. Sie planen jedoch nie im Voraus, wann genau welche Aufgaben erledigt werden sollen, oder in welcher Reihenfolge.

Letztendlich gibt es keine zwingenden Regeln für die Einteilung der Aufgaben. Gehen Sie einfach so vor, wie es Ihnen sinnvoll erscheint. Solange Sie die Aufgaben kurz halten und Tests für sie schreiben können, werden Sie Erfolg haben.

Technische Aufgaben

Den Großteil Ihrer Zeit werden Sie mit der Arbeit an den Geschichten verbringen. Es gibt aber auch rein technische Aufgaben, die für den Kunden uninteressant sind, aber dennoch erledigt werden müssen. Darunter fallen Tätigkeiten wie das Einspielen des Upgrade des Datenbankherstellers, das Refactoring einer anfälligen Systemkomponente, die Prüfung einer neuen Design-Idee auf ihre Brauchbarkeit oder die Verbesserung der Konfigurationskontrolle. All diese Dinge sollten auf die Liste gesetzt werden. Auch hier ist es wichtig, die Aufgaben klein zu halten, also teilen Sie die Arbeit in Abschnitte von wenigen idealen Tagen.

Ron Jeffries behauptet, er könne jede technische Aufgabe in eine unternehmensorientierte Geschichte verwandeln, die der Kunde dann nach Belieben für die laufende Iteration auswählen oder zurückstellen kann. Keine technischen Aufgaben zu haben hat durchaus Vorteile, denn wenn man sich erst einmal auf das heikle Unterfangen eingelassen hat, die Prioritäten nach technischen Gesichtspunkten festzulegen, kommt man nur schwer wieder davon los. Dave Cleal schlägt vor, einen festen Betrag des Budgets, etwa 10 Prozent, für die freie Verfügung der Programmierer vorzusehen. Wir haben das noch nicht ausprobiert, doch es klingt interessant.

Die Geschwindigkeit eines Programmierers messen

Wie können Sie sicherstellen, dass sich einzelne Programmierer nicht zu viel vornehmen? Während der Iterationsplanung sieht das Team, unter welchem Druck Sie bei der Planung stehen. Die Angst vor Kritik kann auf einen Programmierer lähmend wirken.

Wir benutzen hierfür die Methode »Das Wetter von gestern«, um zu vermeiden, dass so etwas ständig passiert. Ein Programmierer misst seine Geschwindigkeit, indem er in jeder Iteration seine Fortschritte verfolgt. Er kann jeweils nur für so viele Tage Aufgaben übernehmen, wie er in der vorangegangenen Iteration bewältigt hatte.

Manchmal gibt es natürlich Gründe, diese Zahl anzupassen. Wenn jemand eine Woche von seiner dreiwöchigen Iteration im Urlaub ist, hat er ja nur zwei Drittel seiner Geschwindigkeit zur Verfügung.

Die Geschwindigkeit eines Programmierers hat nichts mit der Messung seiner Produktivität, Schnelligkeit oder Zielstrebigkeit zu tun. Sie sagt nur aus, wie viele Aufgaben er übernehmen kann. Manche Mitarbeiter haben vielleicht eine niedrigere Geschwindigkeit, weil sie von Natur aus optimistisch bei den Schätzungen sind. Andere sind möglicherweise langsamer, weil sie viel Zeit damit verbringen, anderen Entwicklern zu helfen. Für einen Programmierer ist es wichtiger, genaue Vorhersagen zu machen, als irgendeinem willkürlichen Produktivitätsmaßstab gerecht zu werden. Die absolute Größe der Geschwindigkeit ist viel unwichtiger als ihre Vorhersehbarkeit.

Aufgaben übernehmen und einschätzen

Wenn Sie die Liste mit den Aufgaben auf der Tafel fertig haben, können sich die Programmierer dafür melden. Ein Programmierer, der eine Aufgabe übernimmt, ist für deren Bearbeitung während der Iteration verantwortlich. Als Erstes muss er einschätzen, wie lange er für die Erledigung benötigen wird.

Es bleibt dem Programmierer überlassen, wie er zu einer Schätzung gelangt. Wie gewöhnlich ist die beste Methode auch hier, die Aufgaben mit vorangegangenen Arbeiten zu vergleichen. Der Mitarbeiter könnte sich überlegen: »Dafür müsste ich ungefähr so lange brauchen wie für die grafische Benutzeroberfläche für die Versandabteilung, die ich in der letzten Iteration gemacht habe.« In den Projektprotokollen ist verzeichnet, wie viel Zeit diese Arbeit in Anspruch genommen hat, so dass Sie diese Angaben für die kommende Iteration benutzen können.

Vermeiden Sie es aber, die Arbeit eines anderen Programmierers zum Vergleich heranzuziehen. Sie haben es mit Menschen zu tun, nicht mit »universellen Programmiermaschinen«. Nicht alle Programmierer arbeiten gleich schnell, und ihr Tempo ist je nach Aufgabe unterschiedlich. Es kann hilfreich sein, dem Mitarbeiter die Protokolle zu zeigen, um ihm bei einer Schätzung zur Hand zu gehen, aber sagen Sie niemals: »Dinsdale hat das in drei Tagen geschafft, wieso glaubst du, dass du dafür fünf brauchst?« Wenn Sie einmal damit anfangen, die Berichte als Druckmittel zu verwenden, werden Sie nie wieder eine ehrliche Schätzung bekommen. Im Augenblick ist es das Wichtigste, die Schätzungen so exakt wie möglich hinzukriegen – wenn Sie die Fähigkeiten der Programmierer vergleichen wollen, tun Sie dies nicht während der Planung!

Die Programmierer sollten immer von der Voraussetzung ausgehen, dass sie zu zweit an einer Aufgabe arbeiten werden, da bei XP jeglicher Produktionscode paarweise entwickelt wird. Es kann sein, dass die Partnerwahl auch Einfluss auf die Schätzung hat: »Wenn Spiny mit mir daran arbeitet, schaffen wir es in zwei Tagen.« So etwas ist ideal und bestätigt das Prinzip, dass die Mitarbeiter einander helfen sollen.

Die Programmierer sollten ebenfalls davon ausgehen, dass sie mit einer Aufgabe erst fertig sind, wenn alle Komponententests geschrieben sind und laufen. »Den Code habe ich fertig, aber ich habe ihn noch nicht getestet«, ist eine bedeutungslose Aussage in XP. Quellcode ohne Tests ist für Planungszwecke einfach nicht existent.

Die Programmierer können sich für alle Punkte melden, die sie wollen. So können sie an Aufgaben arbeiten, auf die sie Lust haben, und bleiben motiviert. Da die Motivation einen wichtigen Faktor für Produktivität darstellt, ist das günstig,

»a Good Thing«. Manche Programmierer suchen sich jedes Mal eine bestimmte Arbeit aus, die sie mögen, und beschäftigen sich fast ausschließlich damit. Andere ziehen es vor, ihr Interessengebiet zu erweitern, indem sie neue Dinge ausprobieren. Das ist ebenfalls eine gute Sache, da es die Motivation aufrechterhält, den Entwicklern die Möglichkeit gibt, ihre Fähigkeiten auszubauen, und das Projektrisiko mindert.

Bei der Iterationsplanung, und im Grunde dieses ganze Buch hindurch, konzentrieren wir uns darauf, was die Programmierer zu tun haben. Wie steht es denn mit den Aufgaben, die andere erledigen müssen: die Dokumentation schreiben, die Icons entwerfen, und so weiter? Bei unserer Planungsarbeit haben wir festgestellt, dass es gut funktioniert, wenn wir diese Arbeit ebenfalls in Aufgaben aufteilen und auf die Liste setzen. Die technischen Autoren melden sich dann für die Benutzerhandbücher, die Designer übernehmen die Gestaltungsaufgaben für Icons, während sich die Programmierer auf die Entwicklungsaufgaben festlegen.

Unbeliebte Tätigkeiten

Wenn manche Projektmanager hören, dass es unsere Methode ist, die Mitarbeiter die Aufgaben »auswählen« zu lassen, machen sie sich Sorgen, dass manche Drecksarbeit liegen bleiben könnte. In der Praxis haben wir damit keine Probleme. Programmierer sind so unterschiedlich, dass sich so gut wie immer jemand findet, der eine bestimmte Sache gerne macht. Solche Tätigkeiten, die gemeinhin als unbeliebt gelten, werden dann intern und oft ohne große Diskussionen untereinander aufgeteilt.

Sollten Sie jedoch feststellen, dass immer eine bestimmte Person bei der Aufgabenverteilung den Kürzeren zieht, bitten Sie das Team, dafür eine Lösung zu finden. Die Mitarbeiter könnten beispielsweise ein strengeres Rotationssystem für die unpopuläre Arbeit einführen. Oder sie bestimmen jemanden Neues für das Team, der diese Aufgaben gerne übernimmt. Programmierer lieben es Probleme zu lösen, also werden sie schon zu einer Lösung kommen, und wenn es ihre eigene Idee war, werden sie sich auch bemühen, sie in die Tat umzusetzen.

Zu viel zu tun

Wenn alle Programmierer ihre Aufgaben übernommen und geschätzt haben, schauen Sie sich Ihre Liste noch einmal an. In einer perfekten Welt wären alle Aufgaben vergeben. In unserer Galaxie müssen wir jedoch oft feststellen, dass noch ein paar Punkte übrig geblieben sind. Welche dieser verwaisten Aufgaben sollen Sie dann zurückstellen?

Können Sie noch eine Iteration abwarten, bis die Datenbank aktualisiert wird? Manchmal ist Warten die beste Lösung, aber bisweilen finden Sie einfach keine technischen Aufgaben, von denen Sie glauben, sie vertagen zu können.

Wenn keine der technischen Aufgaben verschoben werden kann, wenden Sie sich an den Kunden: »Uns fehlen fünf ideale Tage. Wir müssen Sie bitten, Geschichten im Umfang von fünf Tagen zu streichen.«

Der Kunde kann entweder eine ganze Geschichte zurückstellen, oder diese aufspalten und nur eins der kleineren Teile verschieben (siehe »Kundengeschichten aufteilen« in Kapitel 11). Er kann auch mehrere Geschichten aufteilen, um die richtige Mischung zu erreichen. Eine zurückgestellte Geschichte kommt auf die Liste für die nächste Iteration. Der Kunde kann sie dann in zwei Wochen wieder einbeziehen.

Sie könnten in Versuchung geraten, den gesamten Versionsplan umzustellen, wenn Sie eine Geschichte verschieben. Überstürzen Sie das nicht! Warten Sie ein oder zwei Iterationen, bevor Sie den Plan überarbeiten. Diese vertagten Aufgaben sind oft noch zu winzig, um zu einem Problem zu werden. Erst wenn sie zu einem größeren Stapel angewachsen sind, rentiert es sich, sie sich vorzunehmen.

Zu wenig zu tun

Sie können gerne lachen, aber auch das kommt manchmal vor!

Hierbei läuft der Prozess in umgekehrter Richtung ab. Die Programmierer bitten den Kunden, noch einige Geschichten hinzuzufügen. Dieser kann dann entweder eine ganze Geschichte einfügen, oder nur einen Teil von ihr. Wie immer ist es auch hier der Kunde, der bestimmt, was verschoben wird, und nicht die Entwickler.

Beispiel (Iterationsplan)

Wir betrachten uns die zeitliche Verzahnung des Versionsplans einmal im Detail, um den Plan für die zweite Iteration darzustellen. Die Notizen sehen folgendermaßen aus:

- Preiswertesten Flug finden
  - Objekt für die alternative Flugsuche – KB 2
  - Passende Flüge nach Reisedatum finden – MF 1
  - Planeten-Landestationen aktualisieren, um Alternativen zu finden – KB 1

- Flugpreise für alternative Landestationen finden – KB 1
- Sonderangebote – große Raumfahrt-Linien – MF 2
- Sonderangebote – preiswerte Raumfahrt-Linien – RJ 3
- Benutzerschnittstelle für preiswerte Flüge – RJ 1

- Überblick Reiseroute
  - Einfache Benutzerschnittstellen – Anzeige für Reiserouten – WC 2
  - Details für eine Reiseroute anzeigen – RJ 2
- Hotel buchen
  - Hotelbuchungsprogramm – MF 1
  - Schnittstelle zum IHAB – MF 2
  - Schnittstelle zum HiHat – MF 1
  - Schnittstelle zum Mary's Rote – MF 1
  - Schnittstelle zum HillTown – WC 1
  - Schnittstelle zum Best Southern – RJ 1
  - Schnittstelle zum Woodstar – WC 1
- (Hotels anzeigen – IHAB nach Städten)
  - Abfrage IHAB für Hotels in einer bestimmten Stadt – WC 2
  - Benutzerschnittstelle für Anzeige einer bestimmten Stadt – WC 1
- Sonstiges
  - Benutzerschnittstellen in Ordnung bringen – KA 2
  - Netzwerkkapazität verbessern – KB 2
  - Überprüfung mit IPv84 – KB 1

Anmerkungen:

- Die Summe der Aufgaben in den Geschichten stimmt nicht zwangsläufig mit den Schätzungen aus dem Versionsplan überein. »Hotel buchen« war mit einer idealen Woche angegeben, umfasst aber letztendlich acht ideale Tage. »Preiswertesten Flug finden« war für drei ideale Wochen vorgesehen, aber es kamen elf ideale Tage heraus. Das ist ganz normal, wenn Sie anfangen, bei den Schätzungen mehr ins Detail zu gehen und mehr Informationen zu der

Iteration bekommen. Im vorliegenden Fall gleichen sich die Ergebnisse ziemlich gut aus, doch das müssen sie nicht immer. Deshalb schreiben wir die ursprüngliche Schätzung der Geschichte auch nicht auf den Iterationsplan. Sonst kämen wir in Versuchung, die Schätzungen der Aufgaben mit Gewalt der Schätzungssumme für die Geschichte anzupassen und würden mit minderwertiger Information planen. Wenn die Schätzungen für die Aufgaben zeigen, dass Sie sich übernommen haben, gehen Sie noch mal zu Ihrem Kunden.

- Weil noch Zeit übrig war, hat das Team schon mal an einem Stück für »Hotels anzeigen« gearbeitet. Der Kunde hatte hierbei »Hotels anzeigen« aufgespalten, um eine Teilaufgabe zu erhalten, für die das Team die Extrazeit sinnvoll nutzen konnte.
- Die Geschwindigkeit der meisten Team-Mitglieder beträgt 7, nur bei KA ist sie 2. Möglicherweise arbeitet er nur halbtags, oder ist noch neu, oder schätzt die Aufgaben einfach anders ein.
- Zwischen den Aufgaben gibt es zahlreiche Abhängigkeiten, im Plan ist davon jedoch nichts vermerkt. Da wir die Videos gesehen hatten, wussten wir, dass das Objekt für die alternative Flugsuche zur Verfügung stehen muss, bevor man irgendwelche Flüge nach Reisedatum oder Flugpreise für alternative Landestationen finden kann. Außerdem muss man erst die Planeten-Landestationen aktualisieren um Alternativen anzuzeigen, bevor man mögliche alternative Landestationen finden kann. Nichts davon steht auf dem Plan, doch da wir es hier mit einem XP-Team zu tun haben, können wir beruhigt annehmen, dass MF und KB intelligente Wesen sind, die miteinander kommunizieren können und unter sich ausmachen werden, in welcher Reihenfolge sie die Arbeit erledigen.

Kapitel 19

Eine Iteration verfolgen

Ein paar Mal die Woche überprüft der Tracker die Fortschritte innerhalb der Iteration, um zu sehen, wie das Team vorankommt.

Jetzt haben Sie also einen Iterationsplan und müssen sich nur noch zurücklehnen und sehen, wie er sich entfaltet – richtig? Falls Sie jetzt »ja« gesagt haben, schlagen Sie sich dreimal mit diesem Buch auf den Kopf (und seien Sie froh, dass es so dünn ist!).

Das Einzige, was Sie von Ihrem Plan wissen, ist, dass sich die Dinge nicht ihm zufolge entwickeln werden. Also ist es notwendig, die Iteration in regelmäßigen Abständen zu überprüfen. Sie brauchen dazu jemanden, der die Aufgabe hat, die Iterationsfortschritte zu verfolgen. Diese Person nennen wir »Tracker«.

Den Fortschritt innerhalb einer Iteration überprüfen

Ein paar Mal die Woche muss der Tracker herausfinden, wie weit jeder Mitarbeiter innerhalb der Iteration gekommen ist. Wir würden dafür keine Besprechung einberufen oder (um Himmels Willen!) einen Bericht verfassen. Stattdessen sollte der Tracker nach und nach bei allen Programmierern vorbeischauen.

Der Tracker stellt den Entwicklern zu jeder übernommenen Aufgabe zwei Fragen:

- Wie viele ideale Tage hast du bereits daran gearbeitet?
- Wie viele weitere ideale Tage brauchst du, bis du fertig bist?

Beachten Sie, dass wir nicht nach Prozentangaben fragen. Wir haben nämlich feststellen müssen, dass eine solche Frage eine Antwort provoziert, die so gut wie keine Bedeutung hat. Um zu überprüfen, wie viel Arbeit noch zu tun bleibt, richtet sich die Schlüsselfrage nach den Tagen, die noch gebraucht werden. (Wie viel bisher erledigt wurde, ist hingegen eher für das Aufzeichnen der Erfahrungswerte für spätere Schätzungen von Bedeutung.)

Jetzt können Sie die Angaben aller Programmierer zusammenzählen und die Situation einschätzen.

Am wichtigsten ist das, was noch getan werden muss. Wie lässt sich diese Menge an idealen Arbeitstagen mit der verbleibenden Zeit auf den Kalendern der Entwickler vergleichen? Dieser Vergleich ist immer ein wenig ungenau. Es macht keinen Sinn, die restliche Kalenderzeit dazu ins Verhältnis zu setzen, da ein Programmierer im Verlauf der Iteration nie durchgängig ideale Arbeitstage erzielen wird. Doch wenn es eine allzu große Differenz gibt, ist das ein Warnsignal. Und es ist ganz sicher alarmierend, wenn mehr ideale Tage mit ausstehender Arbeit übrig sind, als Kalendertage für ihre Erledigung.

Die Analyse liegt zum Großteil beim einzelnen Programmierer. Glaubt er, dass er zu viel zu tun hat? Die Aufgabe des Trackers besteht nur darin, einfache Fragen zu stellen und auf mögliche Probleme hinzuweisen. Im Endeffekt bleibt es dem Urteilsvermögen des Programmierers überlassen, ob er es schafft, genug ideale Tage bis zum Iterationsende zu bewältigen.

An diesem Punkt kommen Sie mit der Frage »Wie viele Tage haben wir jetzt?« nicht sehr weit. In erster Linie soll Ihnen das helfen, eine Liste mit Aufgaben zu erstellen und festzuhalten, wie viel Zeit letztendlich für die Erledigung aufgewandt wurde. Es ist besser, mehrmals zu fragen, als erst am Ende der Iteration, wenn sich niemand mehr erinnert, wie lange er letzte Woche an etwas gearbeitet hat.

Ein sehr wichtiger Teil dieses Prozesses ist die Tatsache, dass der Tracker mit jedem Programmierer persönlich über dessen Stand sprechen sollte. Man kann eine Menge Informationen erhalten, wenn man nur auf die Körpersprache und das Bauchgefühl achtet. Zahlen sind viel wert, doch ebenso wichtig ist ein Gespür dafür, was für ein Gefühl der Programmierer der weiteren Entwicklung gegenüber hat. Dabei muss einerseits das Entwicklungsstadium der Aufgabe und andererseits die Persönlichkeit des Mitarbeiters berücksichtigt werden. Bei der Überprüfung der Fortschritte ist der persönliche Kontakt für die Arbeit des Trackers unentbehrlich.

Sie sollten aufmerksam werden, wenn ein Programmierer sehr viel weniger ideale Zeit mit der Bearbeitung seiner Aufgaben zubringt als üblich. Das muss nichts zu bedeuten haben – er hat den anderen in dieser Woche nur sehr viel ausgeholfen – oder etwas anderes stiehlt ihm die Zeit. Er braucht vielleicht etwas Hilfe, um in die Gänge zu kommen.

Zeigen Sie dem Programmierer die alten Zahlen. Auf diese Weise fragen Sie nur nach den Veränderungen seit der letzten Überprüfung. Aber legen Sie ihm nicht die anfänglichen Schätzungen vor, damit nicht die Gefahr entsteht, dass er die neuen Schätzungen auf die alten abstimmt.

Ein Ende finden

Rob Mee und Edward Hiatt

Durch die Anleitung von Rob Mee und die zahlreichen Beiträge von Kent Beck war uns als XP-Team von Anfang unseres Projekts an bewusst, wie wichtig die Zusammenarbeit zwischen Kunden und Entwicklern ist. Daher reservierten wir zu Beginn jeder dreiwöchigen Iteration immer einen Tag oder etwas mehr, an dem Programmierer und Kunden die Köpfe zusammenstecken konnten, um die anstehenden Funktionen und Aufgaben für die nächste Phase auszuhandeln. Nach diesem Startschuss wurden die Aufgaben auf Plakate geschrieben und an die Wand gehängt, um sie nach der Erledigung abhaken zu können. Die ganze Iteration hindurch konnten die Programmierer bei den Kunden nachfragen, wenn ihnen etwas unklar war. Die Kunden sahen, wie ihr geplantes Produkt langsam Form annahm, und konnten es in diese oder jene Richtung beeinflussen. Wenn ein Entwicklerpaar eine Aufgabe abgeschlossen hatte, ging es zu dem Plakat, strich sie aus und nahm sich die nächste vor.

Dies hört sich jetzt vielleicht ideal an, doch die Sache hatte einen Haken. Die Entwickler hakten die Aufgaben nämlich nicht ab, wenn sie abgeschlossen waren, sondern wenn sie *dachten*, sie wären fertig. Die Kooperation ging doch nicht weit genug. Trotz der engen Zusammenarbeit während der Entwicklung entschieden die Programmierer über diesen letzten Schritt – die *Unternehmensentscheidung* – allein. Das hatte unschöne Folgen. Nachdem die Aufgabe ausgestrichen worden war, sah sich der Kunde das Ergebnis an und sagte: »Das funktioniert nicht richtig. Da muss noch eine Kleinigkeit verändert werden.« Da nicht geklärt worden war, wie man in einer solchen Situation noch mal einen Schritt zurück gehen sollte, verbuchte der Kunde die Unstimmigkeit einfach als Fehlfunktion.

Mit der Zeit wurde die Liste dieser Programmfehler länger: unvollständige Aufgaben, kleinere Fehler und einfache Missverständnisse kamen noch hinzu. Das Management begann, das Team unter Druck zu setzen, weniger Fehler zu produzieren, und die Entwickler ärgerten sich darüber, denn viele der beanstandeten Punkte waren gar keine »Fehler« – es hatte nur jemand etwas richtig gestellt oder seine Meinung geändert. Ihrerseits ärgerten sich die Kunden, dass sie alles noch einmal rückverfolgen mussten. Alle wussten, dass die Ursache für die Schwierigkeiten ein Verständigungsproblem war, nicht ein Mangel an Kompetenz. Doch wie sollten wir es lösen? Wir standen doch schon in ständiger Kommunikation.

Schließlich fand Vraj Mohan, unser Projektmanager, diese simple Lösung: Der Kunde, nicht der Entwickler, sollte die Aufgaben nach Beendigung ausstreichen. Dadurch wurde der letzte Schritt der Zusammenarbeit herbeigezwungen, der dem Prozess gefehlt hatte. Sobald diese Entscheidung getroffen war, lösten sich die meisten Spannungen auf, die sich aufgebaut hatten. Die Programmierer bekamen ein verlässlicheres Gefühl dafür, wann eine Aufgabe abgeschlossen war – wenn der Kunde das Ergebnis sah und zufrieden war, konnten die Entwickler wirklich sicher sein, dass sie fertig waren. Die Kunden wünschten sich nach Abschluss zwar immer noch manche Veränderungen, doch nun wurden diese Änderungen als Erweiterungen oder zusätzliche Funktionen angesehen, für die sie sich selbst entschieden hatten, und nicht als Programmierfehler, an denen die Entwickler schuld waren.

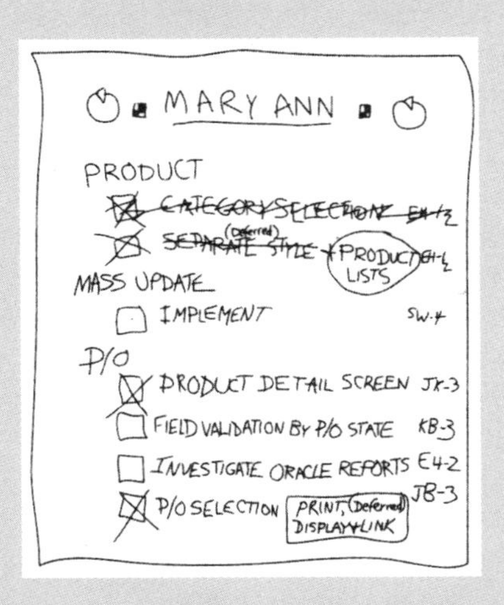

Den Ruhm teilen

Am Ende jeder Iteration kam das Team zusammen und präsentierte sich selbst die Arbeit, zu der alle in den vorangegangenen drei Wochen ihren Beitrag geleistet hatten. Zum Teil machten wir das, damit jeder über die letzten Entwicklungen auf dem Laufenden war, und zum Teil, weil es die Moral stärkte – für das Team aus Programmieren und Kunden ist es befriedigend, den anderen Kollegen zeigen zu können, was man geleistet hat. Wir gingen dabei die Arbeitslisten durch und bei jeder ausgestrichenen Aufgabe trat einer der Partner aus dem Entwicklerpaar, das daran gearbeitet hatte, nach vorn, um das Feature zu demonstrieren.

Oft kam es zu Verzögerungen bei der Demonstration der einzelnen Aufgaben, da sich die jeweiligen Entwickler, die sie im Team erarbeitet hatten, nicht entscheiden konnten, welcher von beiden das Ergebnis vorführen sollte. An einem Punkt am Ende der dritten oder vierten Iteration dauerte diese Entscheidung besonders lange. Um dem Warten ein Ende zu bereiten, meldete sich plötzlich der Kunde, um dessen Leistungsmerkmal es ging, und verkündete gutgelaunt, dass er nun selbst die Funktion präsentieren würde, statt zu warten, bis sich die Entwickler geeinigt hätten. Es war eine ganz spontane Reaktion, die beim versammelten Team für einige Heiterkeit sorgte. Doch als Rob und Kent sich noch mal bewusst machten, was soeben passiert war, stellten sie fest, dass es eine exzellente Idee war. Warum nicht immer die Kunden ihre Produkte selbst vorstellen lassen? Das würde zweifellos gewährleisten, dass sie die ganze Iteration hindurch über die Entwicklung auf dem Laufenden blieben. Für den »Auftritt« vor einem Publikum würden alle Kunden gut vorbereitet sein wollen, so dass sie den Fortschritt bei ihren Produkten nicht aus den Augen verlieren würden.

Dieser Prozess ist mittlerweile sehr beliebt. Er regt die Kunden an, einen engeren Kontakt mit den Programmieren zu halten: Wir haben festgestellt, dass die Kunden jetzt ein großes Interesse daran haben, sich so früh wie möglich bei den Entwicklern nach Fortschritten bei der Arbeit zu erkundigen, was dazu führt, dass das Endprodukt den Vorstellungen des Kunden immer näher kommen kann.

Ins Hintertreffen geraten

Das Verfolgen der Entwicklung ist eine passive Tätigkeit, solange nichts schief geht. Schief bedeutet in diesem Fall, dass der Programmierer feststellt, dass er nicht alle Aufgaben erledigen kann, die er übernommen hat. Es gibt zahllose Gründe, warum so etwas passiert, doch das Wichtigste in einer solchen Situation ist, schnell etwas dagegen zu unternehmen.

Unsere erste Reaktion besteht darin, nach jemand anderem zu suchen, der noch Zeit übrig hat und die Aufgaben übernehmen möchte. Er sollte dann seine eigene Schätzung dazu abgeben, wie viel Zeit er für die Fertigstellung benötigen wird. Wenn die Schätzung länger ausfällt als die zur Verfügung stehende Zeit, ist das Problem natürlich noch nicht gelöst.

Wenn sich niemand findet, der genug Zeit hat, die Aufgabe zu übernehmen, muss sich das Team überlegen, was es wegen dieses Problems unternehmen wird. Wichtig ist es, alle über die Situation zu informieren, denn vielleicht hat ja jemand einen guten Lösungsvorschlag. Jetzt wäre ein guter Zeitpunkt, die »Besprechung im Stehen« einzuberufen, denn oft kann eine kleine interne Umverteilungsaktion die Zeitprobleme lösen.

Zeichnen sich jedoch keine genialen Lösungen ab, müssen Sie zu Ihrem Kunden gehen und sagen, was Sache ist. Er braucht die Information, welche Arbeit für welche Geschichten bereits erledigt ist. Dann führt er die entsprechenden Schritte wie am Anfang Iteration aus: eine Geschichte auswählen, um sie zurückzustellen, oder eine aufspalten, um nur einen Teil zu verschieben. Je schneller Sie dem Kunden das Problem bewusst machen, desto besser ist seine Chance, noch den größtmöglichen Geschäftswert aus der Iteration herauszuholen.

Es ist für den Kunden ärgerlich, dies mitten in der Iteration erledigen zu müssen, so dass das Team versuchen sollte, dies zu vermeiden. Das beste Mittel gegen dieses Problem sind bessere Schätzungen, und die erreicht man nur durch Übung und ein gutes Arbeitsprotokoll. Mit der Zeit sollten Korrekturen inmitten einer Iteration weniger häufig vorkommen. Wenn sie dennoch ständig auftreten, muss sich das Team überlegen, was schief läuft. Die Schätzungen für Geschichten sind meist ziemlich vage, doch wenn man sich die einzelnen Aufgaben auf dem Iterationsplan vornimmt, dürften die Schwankungen nicht mehr so groß sein.

Oft hören wir von Projektmanagern den folgenden Satz: »XP ist nur eine faule Ausrede, um mir zu sagen, dass ich nicht kriegen kann, was ich will.« Kunden sind natürlich nie begeistert, wenn sie von einem bereits gesteckten Ziel wieder Abstriche machen müssen. Aber manchmal kann ein Kunde eben nicht kriegen, was er will. Wer entscheidet dann, was genau er nicht bekommt – der Kunde, die Programmierer, die Projektmanager oder der Zufall?

Und wie steht es mit Überstunden? Die einfache Regel lautet, dass niemand zwei Wochen am Stück Mehrarbeit leisten kann. Wenn jemand mal für ein, zwei Tage ranklotzen möchte, um einen Rückstand aufzuholen, gut – aber erwarten Sie nicht, dass dieser Mitarbeiter zwei Tage lang perfekte Ergebnisse liefert.

Wenn ein Programmierer noch Zeit übrig hat

Das ist wohl eher die Ausnahme, doch auch ein angenehmeres Problem. Als Erstes sollten Sie prüfen, wie viel Arbeit die anderen Mitarbeiter noch haben, um zu sehen, ob der Programmierer ihnen etwas abnehmen kann. Oft können Sie das Team ein bisschen umgruppieren, um die Aufgabenverteilung auszugleichen.

Ist das nicht möglich, heißt es wieder, sich an den Kunden zu wenden, um zu sehen, welche Arbeit vorgezogen werden soll – entweder eine ganze Geschichte oder nur einzelne Teile.

Wenn der Programmierer jedoch in den letzten Iterationen ein großes Pensum erledigen musste, können Sie überlegen, ihm eine Pause zu gönnen. Das kann auch ein freier Tag sein, wenn er in der letzten Zeit viele Überstunden gemacht hat. Oder es kann bedeuten, ihn eine Weile experimentieren zu lassen, beispielsweise mit einer Technologie, die für das Projekt nützlich sein könnte. Solche Pausen helfen den Mitarbeitern, motiviert zu bleiben, und manchmal können dabei auch hilfreiche Ideen für das Projekt herausspringen.

Wann ist die Iteration abgeschlossen?

Die Iteration ist an dem Datum abgeschlossen, das zu Beginn festgelegt wurde. Eine zweiwöchige Iteration endet nach zwei Wochen – ohne wenn und aber. Erledigte Geschichten sind fertig, unerledigte werden zurückgestellt und bei der nächsten Besprechung zur Iterationsplanung vorgesehen.

Wann ist eine Geschichte abgeschlossen?

Eine Geschichte ist abgeschlossen, wenn ihre Funktion dem Kunden demonstriert wurde und dieser bestätigt, dass die Funktionalität im Wesentlichen seinen Erwartungen gerecht wird.

Und was meinen wir mit dem schwammigen Begriff »im Wesentlichen den Erwartungen gerecht werden«? Der Kunde bezahlt die Rechnung, also entscheidet er, ob er zufrieden ist.

Die Kunden sollten die Akzeptanztests für die Geschichte durchführen. Dabei können sich manchmal Fehler zeigen. Dann muss der Kunde beurteilen, ob diese Fehler genug Grund zur Annahme geben, dass die Geschichte noch nicht abgeschlossen ist. Falls die Kosten auf der Telefonrechnung falsch ausgegeben werden, wird der Kunde sicher sagen: »Nein, die Geschichte kann so nicht übernommen werden«. Falls die Formatierung um ein Pica verschoben ist, wird er wohl sagen, »O.k., es gibt ein paar Schwachstellen, aber wir nehmen die Software.« Es gibt viele Hersteller, die Software mit Programmierfehlern ausliefern, die ihnen durchaus bekannt sind. Bei manchen gibt es sogar massenweise Fehlfunktionen. Aber solange der Kunde sich dessen bewusst ist, liegt dies in seiner Entscheidung.

Beispiel für eine Iterationsverfolgung

Schauen wir uns noch einmal die zeitliche Verzahnung an, um eine Iterationsverfolgung nach zwei Dritteln der zweiten Iteration zu betrachten. Sie können den Stand der Iteration mit einer einfachen Tabelle darstellen.

Tabelle 19.1 zeigt den Stand der Iteration. Die Bilanz gibt Hinweis auf mögliche Probleme. KA ist für den Rest des Zyklus nicht da, so dass wir nur noch vier Personen haben. Wir haben eingeplant, dass jeder Mitarbeiter in einer dreiwöchigen Iteration 7 ideale Tage schaffen kann. Die vier Leute können also 28 ideale Tage in der gesamten Iteration bewältigen. In der letzten Woche können sie ungefähr ein Drittel dieser Arbeit erledigen: 9 Tage. Doch wir haben noch für 14 Tage Arbeit ausstehen.

Wenn wir uns die Aufgaben und die jeweiligen Fortschritte betrachten, können wir Genaueres erkennen. RJ liegt ziemlich gut in der Zeit, denn er hat nur noch drei ideale Tage vor sich. Wir sprechen mit ihm und finden heraus, dass er zuversichtlich ist, seine Arbeit rechtzeitig fertig zu bekommen.

Aufgabe	Mitarbeiter	abgeschlossen	unerledigt
Benutzerschnittstellen in Ordnung bringen	KA	2	0
KA gesamt (weg bis Iterationsende)		2	0
Objekt für die alternative Flugsuche	KB	2	0
Planeten-Landestationen aktualisieren, um Alternativen zu finden	KB	1	1
Flugpreise für alternative Landestationen finden	KB	0	1
Netzwerkgeschwindigkeit verbessern	KB	2	2
Überprüfung mit IPv84	KB	0	1
KB gesamt		5	5
Sonderangebote – große Raumfahrtlinien	MF	0	2
Passende Flüge nach Reisedatum finden	MF	0	1
Programm für Hotelbuchung	MF	1	0
Schnittstelle zum IHAB	MF	3	2
Schnittstelle zum HiHat	MF	1	0
Schnittstelle zum Mary's Rote	MF	0	1
MF gesamt		5	6

Tabelle 19.1 Aufgaben am Ende der dritten Woche

Aufgabe	Mitarbeiter	abgeschlossen	unerledigt
Sonderangebote – preiswerte Raumfahrtlinien	RJ	2	1
Benutzerschnittstelle für preiswerte Flüge	RJ	0	1
Details für eine Reiseroute anzeigen	RJ	2	0
Schnittstelle zum Best Southern	RJ	0	1
RJ gesamt		4	3
Einfaches Anzeigen der Reiseroute	WC	1	0
Schnittstelle zum HillTown	WC	0,5	0
Schnittstelle zum Woodstar	WC	0,5	0
Abfrage von IHAB für Hotels in einer bestimmten Stadt	WC	0,5	0
WC gesamt		4,5	0
Team gesamt		20,5	14

Tabelle 19.1 Aufgaben am Ende der dritten Woche (Forts.)

WC befindet sich in einer angenehmen Situation. Seine Aufgaben haben sich als leichter erwiesen, als er gedacht hätte. Er hat für die letzte Woche keine Arbeit mehr.

KB und MF hingegen haben ziemliche Zeitprobleme. Wir können die Aufgaben ein bisschen umverteilen und WC dazuholen, doch das wird nicht genügen. Also müssen wir mit dem Kunden reden, um zu entscheiden, was getan werden soll. Der Kunde kann sich die Aufgaben ansehen, doch hauptsächlich sollte er den Fortschritt der Geschichten überprüfen.

Der Kunde weiß, dass wir noch ungefähr neun ideale Tage zur Verfügung haben. Was sollte gestrichen werden? Die zentrale Geschichte ist hierbei »Preiswertesten Flug finden«. Sie muss auf jeden Fall abgeschlossen werden. Die Geschichte »Hotel buchen« ist weniger wichtig, und auch der Geschwindigkeit kommt keine große Bedeutung zu – sonst wäre dieser Punkt ja eine Geschichte. Das Team kann sich also noch einmal die Aufgaben ansehen und sich abermals für die Aufgaben melden, an denen noch gearbeitet werden muss. Tabelle 19.3 zeigt, welche Aufgaben noch zu erledigen sind.

Geschichte	unerledigt	Bemerkungen
Preiswertesten Flug finden	7	Einige Teile unvollständig
Überblick Reiseroute	0	
Hotel buchen	4	Problem mit Schnittstelle zum IHAB; aus anderen zusammenbasteln
Hotels anzeigen (IHAB nach Städten)	0	
Sonstiges	3	Hauptsächlich Geschwindigkeits-optimierung

Tabelle 19.2 Bei Geschichten verbleibende Aufgaben

Ausstehende Aufgaben	Mitarbeiter	inerledigt
Planeten-Landestationen aktualisieren, um Alternativen zu finden	KB	1
Flugpreise für alternative Landestationen finden	KB	1
~~Netzwerkgeschwindigkeit verbessern~~	~~KB~~	~~2~~
~~Überprüfung mit IPv84~~	~~KB~~	~~1~~
KB gesamt		2
Passende Flüge nach Reisedatum finden	MF	1
~~Schnittstelle zum IHAB~~	~~MF~~	~~2~~
Schnittstelle zum Mary's Rote	MF	1
MF gesamt		2
Sonderangebote – preiswerte Raumfahrtlinien	RJ	1
Benutzerschnittstelle für preiswerte Flüge	RJ	1
Schnittstelle zum Best Southern	RJ	1
RJ gesamt		3
Sonderangebote – große Raumfahrtlinien	WC	2
WC gesamt		2

Tabelle 19.3 Aufgaben für die letzte Woche

Im neuen Plan sind weitere Verbesserungen an der Geschwindigkeit zurückgestellt worden. Damit sich WC auf die Geschichte für die preisgünstigsten Flüge konzentrieren kann, übernimmt er von MF auch die Aufgabe zu den Sonderangeboten. Der Kunde erklärt, dass er lieber die Schnittstelle zum Mary's Rote fertig bekommen würde, als die zum IHAB, mit der man Probleme hat, also stellt MF die Arbeit an Letzterer ganz ein.

(Diese Tabellenform ist nur eine Möglichkeit von vielen, um die Verfolgung der Aufgaben festzuhalten. Jedes unserer Teams hat bisher seine eigene Darstellungsform gefunden.)

Kapitel 20

Besprechungen im Stehen

»Wenn eine Besprechung langweilig wird, dann gehen Sie!«
Robert Cecil »Uncle Bob« Martin

Halten Sie jeden Tag eine kurze Besprechung ab, damit jeder weiß, was zu tun ist und was nicht.

Es wird Ihnen schnell auffallen, dass wir nichts von häufigen Besprechungen halten. Bei den meisten Programmierern stehen Meetings auf der Liste der langweiligen Zeitverschwendungen ganz oben. Doch solche Treffen bieten auch eine Möglichkeit zur Kommunikation. Die Herausforderung besteht darin, herauszufinden, welche Art von Treffen am besten funktioniert.

Wir haben festgestellt, dass kurze tägliche Besprechungen unentbehrlich sind, um allen eine Vorstellung davon zu geben, was die anderen Mitarbeiter gerade machen. Die Betonung liegt allerdings auf kurz. Wenn die täglichen Treffen langsam, aber sicher langweilig werden, wird es problematisch.

Die »Besprechungen im Stehen« bekommen ihren Namen von einem Trick, den wir anwenden, um sie kurz zu halten: Alle müssen das ganze Treffen über stehen. Dadurch behält jeder im Gedächtnis, dass er sich kurz fassen soll. Sollte es dennoch jemand vergessen, erinnern Sie ihn dran (notfalls mit einem Rohrstock).

Der Ablauf ist simpel. Alle stellen sich im Kreis auf und Sie gehen von einem zum anderen (ob im oder gegen den Uhrzeigersinn, bleibt Ihnen überlassen). Jeder sagt kurz, was er oder sie gestern gemacht hat und was heute dran ist. Probleme oder Informationen, von denen das Team wissen sollte, werden bekannt gegeben.

Zweck der Besprechung im Stehen ist die Information über Probleme, nicht ihre Lösung. Halten Sie das Treffen kurz. Schwierig wird es, wenn jemand sagt, »Ich habe ein Stück Code im FlooP von Foobar implementiert«, und jemand anderes, »So etwas habe ich letzten Monat gemacht«, »Oh, Ich brauchte einen dreifachen Axel«, »Das kannst du machen, indem du die Konfigurationsdatei veränderst.« Und plötzlich sieht es aus, als würde es eine lange Unterhaltung werden. An diesem Punkt könnten Sie dann Folgendes vorschlagen: »Vielleicht solltet ihr euch lieber heute Vormittag noch mal zusammensetzen und das besprechen.« Alles, was mehr als einer kurzen Ankündigung bedarf, sollte auf ein anderes Treffen verschoben werden, an dem dann nur diejenigen teilzunehmen brauchen, die es wirklich interessiert.

Halten Sie die Besprechung im Stehen täglich ab, damit jeder grob darüber informiert ist, was die anderen tun. Treffen Sie sich jeden Tag um die gleiche Zeit und wählen Sie einen Termin, an dem alle da sind. Am günstigsten ist es früh am Tag, da die Leute dann genug Zeit haben, sich nötigenfalls noch mal zusammenzusetzen.

Kapitel 21

Grafische Darstellungen

Jeder sollte den Stand des Projekts mit einem Blick erfassen können, indem er sich einige Diagramme im Arbeitsbereich des Teams ansieht.

Wir sind begeisterte Anhänger der wissenschaftlichen Methode. Emotionsausbrüche wie »Ich finde, du bist zu langsam« oder »in diesem Programm ist echt der Wurm drin« bringen einen nicht weiter, wenn man versucht, ein Softwareprojekt zu leiten. Wie schnell sind wir? Gleicht unsere Software wurmstichigem Obst?

Deming sagt, »Man kann nichts regeln, was man nicht messen kann«. Wir sind sicher, dass das nicht stimmt, denn es wird eine Menge Software ausgeliefert, ohne dass Messungen angestellt würden. Andererseits brauchen Sie ein hohes Maß an gefühlsmäßiger Distanz, wenn Sie sich entscheiden ohne Messungen zu arbeiten, was besonders unter Druck nicht immer leicht beizubehalten ist. Zahlen helfen Ihnen, Ihren Ängsten ins Auge zu blicken. Wenn Sie sich dann einmal der Angst bewusst geworden sind, können Sie sich mit fundierter Intuition an die Entscheidung machen.

Die Gefahr beim »wissenschaftlichen« Planungsansatz besteht darin, dass die Messungen zum Zweck statt zum Mittel werden können. Die Organisationsarbeit, die für das Zusammentragen der Daten nötig ist, kann die wirkliche Arbeit überdecken. Der ganze Prozess kann unmenschlich werden, wenn Menschen – chaotische, stinkende, abgelenkte, inspirierte, unberechenbare Menschen – zweckgemäß auf eine Reihe von Zahlen reduziert werden.

Das ist nicht, was wir meinen. Tun Sie es nicht!

Hier folgt stattdessen ein Verfahren, das Intuition und Messung kombiniert:

1. Erkennen Sie ein Problem.
2. Denken Sie sich ein Messsystem aus.
3. Stellen Sie die Messdaten dar.
4. Wenn das Problem nicht behoben werden kann, zurück zu 2.

Beispiele

Im Folgenden finden Sie ein paar Beispiele aus einem wirklichen XP-Projekt, das seit zehn Iterationen läuft. Das Team hat sich eine genial kostengünstige Technik zur Sammlung von Daten ausgedacht. Zu Anfang ist das Team klein genug (fünf Programmierer), dass die Mitglieder nicht zwischen Geschichten und Aufgaben unterscheiden müssen. Die Geschichten sind kurz, zwischen vier und zwanzig Stunden. Jedes Geschichtskärtchen weist auf der Rückseite eine kleine Tabelle auf:

Paar		Datum	Stunden

Am Ende jeder Iteration überträgt jemand alle Werte von der Kartenrückseite in ein Tabellenkalkulationsprogramm. Die Rohdaten können dann auf verschiedene Weise dargestellt werden.

Produktivität

Die Teammitglieder bekamen mit der Zeit das Gefühl, sie würden zu langsam vorankommen. Statt etwas erwiesenermaßen Uneffektives wie Überstunden zu machen, beschlossen sie zu messen. Die Messungen, die sie anstellten, bezogen sich auf die Bürostunden, die tatsächlich mit Programmieren verbracht wurden.

Aus Abbildung 21.1 ist ersichtlich, dass sich das Team nur wenige Stunden mit Programmieren beschäftigte. Kein Wunder also, dass es so langsam war. Bei der näheren Betrachtung wird deutlich, dass die Stunden um den Zeitpunkt herum zurückgingen, als das Team

- sich aufteilte, um ein zweites Projekt zu beginnen, und
- einen externen Kunden dazugewann.

Da ist es nicht verwunderlich, dass das Team nicht mehr so viel Zeit zum Programmieren hatte. Daraufhin taten die Teammitglieder alles, um ihre Programmierzeit zu erhöhen, und veränderten dann den Versionsplan, damit er ihre neu gemessene Geschwindigkeit widerspiegelte.

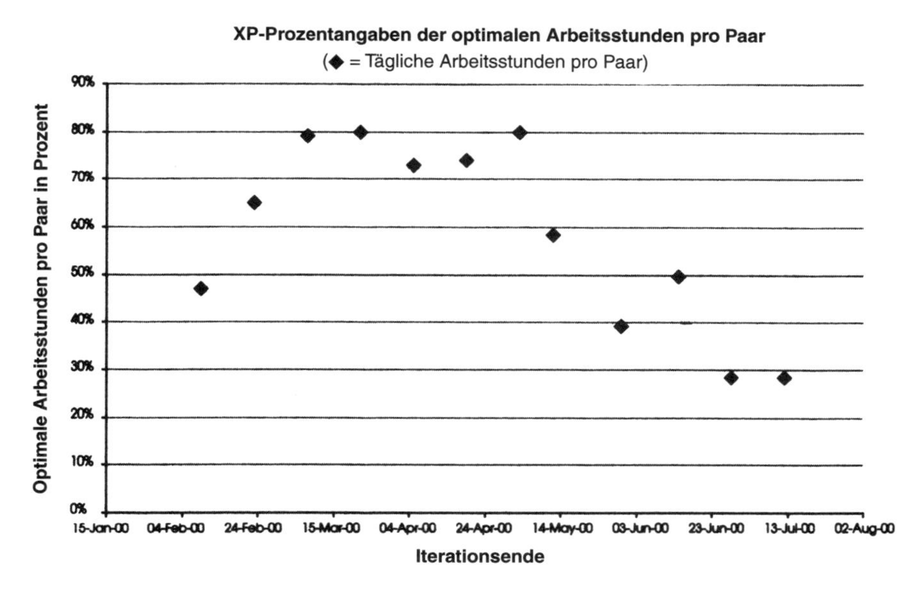

Abbildung 21.1 Gemessener Aufwand

Das Integrationsproblem

Ein weiteres Problem, das sich bemerkbar zu machen begann, war die lange Dauer von Integrationen und die zu große Zahl der von diesen verursachten Fehler. Das Team verfolgte daraufhin, wie lange die Paare zusammen programmierten, bevor sie eine Integration durchführten (siehe Abbildung 21.2).

Es war deutlich zu erkennen, das der Trend hin zu immer längeren Programmiersitzungen ging. Das hatte zur Folge, dass die Mitarbeiter erschöpft waren, wenn sie schließlich die Integration vornahmen, was die Fehlerwahrscheinlichkeit erhöhte. Die Verzögerung bis zur Integration steigerte auch die Wahrscheinlichkeit, dass es zu Konflikten mit Änderungen von anderen Paaren kam. Sobald dieses Messergebnis feststand (am 14. Juni), sank die durchschnittliche Dauer einer Paarprogrammierung auf zwei Stunden, und die Integration wurde einfacher.

Dieses Beispiel illustriert ein wichtiges Prinzip bei der Behandlung von Messergebnissen: das Herstellen indirekter Zusammenhänge. Das Team hätte auch separat beginnen können, die Dauer jeder einzelnen Integration zu verfolgen, um dann zu versuchen, die Integration zu optimieren. Doch da die Mitarbeiter das Grundproblem der schwierigen Integrationen ausfindig machen konnten, waren sie in der Lage, die Ursache, und nicht nur die Symptome zu behandeln.

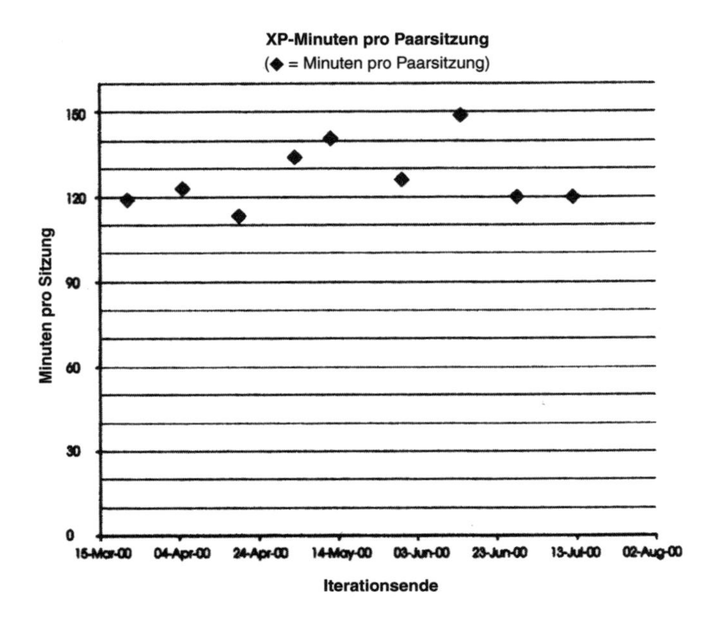

Abbildung 21.2 Längere Sitzungen verlangsamen die Integration

Die zu zeigenden Grafiken auswählen

Im Folgenden finden Sie Beispiele für Grafiken, die Sie benutzen können. Wählen Sie Ihre Diagramme sorgfältig aus. Berücksichtigen Sie dabei, was Sie, Ihr Management, Ihre Programmierer und die Kunden gerade beschäftigt. Versuchen Sie, sich für jedes Problem ein einfaches Schaubild zu überlegen, das darstellt, was bei allen in der Gruppe abläuft.

Wenn eine Grafik ihre Aufgabe erfüllt hat, legen Sie sie weg. Diagramme sind herrliche Hilfsmittel, doch zu viele davon machen ihren Sinn zunichte. Allen Mitarbeitern muss klar sein, dass die Schaubilder wichtig sind, und das gute Gefühl, nützliche Informationen zu erhalten, sollte die Mühe ihrer Erstellung wert sein.

Viele Leute schlagen vor, diese Diagramme auf eine Web-Seite zu stellen. Das ist sinnvoll, wenn Leute von außerhalb wissen müssen, was vor sich geht. Aber nehmen Sie das nicht als Entschuldigung, die Grafiken nicht auch bei den Entwicklern an die Wand zu hängen. Web-Seiten werden nicht angeschaut, wenn sie niemand anklickt. Aber was auf der Toilette an der Wand hängt, kann man nicht umgehen. Manch eine plötzliche Erkenntnis kommt einem, wenn man einfach abwesend auf ein Diagramm starrt, während man zur Hälfte mit etwas anderem beschäftigt ist.

Hier sind eine Handvoll Diagramme, die wir mit gutem Erfolg benutzt haben:

- Akzeptanztests – Definiert / Bestanden
- Produktions-Bulk-Code im Vergleich mit Test-Bulk-Code
- Integrationen
- Fehlerdichte
- Fortschritt von Geschichten
- Systemgeschwindigkeit

Das Wichtigste, was Sie beachten sollten, ist, *nur Grafiken auszuwählen, die Sie brauchen, und keine zu erstellen, die Sie nicht brauchen.* Obwohl wir uns natürlich geschmeichelt fühlen, wenn Sie die Diagramme wählen, die wir hier vorschlagen, ist es weitaus wichtiger, dass Sie sich über Ihre eigenen Schwierigkeiten Gedanken machen und solche Schaubilder aussuchen, die diese illustrieren. Allein schon die Überlegung, welche Grafiken nützlich sein könnten, wird Ihnen bei der Behandlung Ihrer Probleme weiterhelfen. Nebenbei bemerkt bekommen wir sowieso schon genug Lob.

Kapitel 22

Mit Fehlern umgehen

»Dies ist für eure Rasse, Boys und Girls!«
Aus »Starship Troopers«

Planen Sie Fehlerbeseitigung zusammen mit Geschichten, damit der Kunde zwischen der Beseitigung von Fehlern und dem Hinzufügen weiterer Funktionalität entscheiden kann.

Wir haben uns noch nie in der Landwirtschaft versucht, obwohl Kent mittlerweile inmitten von Farmen, Pickup-Trucks und Leuten wohnt, die echte Cowboyhüte tragen. Aber wir können uns vorstellen, dass wir eine Sache mit den Farmern gemeinsam haben: eine Abneigung gegenüber Ungeziefer, den »Bugs«. Bei einem Programm, in dem der Wurm steckt, wird zwar nicht der Quellcode zerfressen, doch die Programmierfehler können am Verhältnis zu unseren Kunden und an unserer Produktivität nagen. Und Insektenvernichtungsmittel für Software lässt sich leider nicht im Laden um die Ecke kaufen.

Warum sprechen wir hier überhaupt über Fehler? Führen die Testmethoden in XP nicht zu fehlerfreien Systemen? Nein. Es sollten zwar erheblich weniger Fehler auftreten, aber ein paar wird es immer geben – und zwar unter Umständen so viele, dass wir ein Fehlermanagement brauchen.

Eine der schlimmsten Begleiterscheinungen von Programmierfehlern ist ihr hohes Potenzial an Schuldzuweisungen (von Seiten des Kunden) und Schuldgefühlen (für die Programmierer). Wenn wir mehr getestet hätten bzw. wenn ihr fähige Programmierer wärt – dann gäbe es diese Fehler nicht. Wir haben es in Newsgroups schon erlebt, dass Leute herumwüten und Manager mit der Faust auf den Tisch schlagen und befehlen, dass keine Fehler gemacht werden dürften. All diese Emotionen machen den Prozess des Fehlermanagements zunichte und belasten die wichtigen zwischenmenschlichen Beziehungen, die wir brauchen, damit die Software-Entwicklung gut funktioniert.

Lassen Sie uns also ein paar Grundregeln klarstellen:

Wir gehen davon aus, dass die Programmierer die bestmögliche professionelle Arbeit machen, die sie können. In diesem Zusammenhang werden sie alles Erdenkliche tun, um Fehler zu beseitigen. Doch niemand kann alle Fehler ausmerzen. Der Kunde muss einfach darauf vertrauen, dass die Entwickler sich größte Mühe mit der Fehlerbehebung geben, und er kann die Testabläufe überwachen, um sicherzustellen, dass sie wirklich sorgfältig arbeiten.

Für den Großteil der Software fordern wir sowieso keine totale Fehlerfreiheit. (Jetzt haben wir wohl etwas gesagt, was demnächst garantiert im falschen Kontext gegen uns verwendet werden wird!) Jeder Softwarefehler, der sich einschleicht, kostet Zeit und Arbeit, um ihn wieder zu entfernen. Diese Zeit und dieser Arbeitsaufwand gehen für die Entwicklung neuer Programmeigenschaften verloren. Also müssen Sie sich entscheiden, was Sie machen sollen. Selbst wenn Sie von einem Fehler wissen, muss irgend jemand die Entscheidung treffen, ob man ihn behebt oder lieber eine weitere Funktion hinzufügt. Wer ist dieser jemand? Unserer Meinung nach muss das der Kunde sein, denn er trifft die Geschäftsentscheidung, indem er das Risiko eines Fehlers und den Wert einer neuen Funktion gegeneinander abwägt – bzw. den Vorteil, sofort ein Produkt zu bekommen, gegen längeres Warten bis zur Reduzierung der Fehlerzahl.

(Wir würden allerdings meinen, dass diese Überlegungen nicht auf Fehler zutreffen, die lebensbedrohlich sein könnten. In einem solchen Fall haben die Programmierer sicherlich eine größere Pflicht gegenüber der öffentlichen Sicherheit als ihren Kunden gegenüber.)

Es gibt viele Fälle, wo die Geschäftsentscheidung zugunsten der neuen Funktion ausfällt. Sicher fallen einigen Lesern oft benutzte Softwareprodukte ein, die ihrer Meinung nach mehr Fehler enthalten, als sie sollten. Da hatte die Firma wohl die Entscheidung gefällt, lieber neue Leistungsmerkmale einzubauen, als Fehler zu beheben. Schauen Sie sich die Aktienkurse des Unternehmens der letzten paar Jahre an, um zu sehen, ob diese Wahl richtig war.

Wir erlebten einmal ein krasses Beispiel für so etwas, als wir mit einem Projekt zu tun hatten, wo ein altes System gegen ein neues ausgetauscht werden sollte. Der Kunde beschloss, den Einsatz des neuen Programms zu verzögern, da es Fehler enthielt, die trotz aller Anstrengungen des Teams noch nicht beseitigt werden konnten. Dann wurde bekannt, dass der Firma durch Fehler im alten System monatlich mehrere Millionen Euro verloren gingen. Die neuen Fehler waren nicht annähernd so kostspielig! Hatte der Kunde Recht mit seiner Entscheidung, den Einsatz des Programms aufzuschieben? Im Nachhinein würden wir sagen, nein – obwohl wir damals mit dem Beschluss einverstanden waren.

Mit Produktionsfehlern umgehen

Das Wichtigste ist, Emotionen aus dem Prozess herauszuhalten. Ein Fehlerbericht ist eine Aufforderung, das momentane System zu verändern. Viele dieser Änderungen könnten eher als Erweiterungen statt als richtige Reparatur gesehen werden. Wir wollen Sie hier nicht ermutigen, die Korrekturen der einen oder anderen Seite zuzuordnen, denn das führt gewöhnlich zu unproduktiven Diskussionen.

Entscheiden Sie als Erstes, ob es sich um einen kritischen Fehler handelt. Wie Sie dies machen und was dann zu tun ist, erfahren Sie im noch folgenden Abschnitt »Mit kritischen Fehlern umgehen«.

Falls der Fehler nicht kritisch ist, notieren Sie ihn auf einer Karte. Lassen Sie die Entwicklungsabteilung einen Blick darauf werfen und schätzen, wie viel Aufwand die Beseitigung in Anspruch nehmen würde. Oft können Sie an einem solchen Punkt noch nicht wissen, welche Faktoren dabei eine Rolle spielen, also vermerken Sie den Aufwand als unbekannt. Handelt es sich um weniger als einen idealen Tag, notieren Sie ihn als klein.

Liegt die Schätzung bei mehr als einem Tag Arbeitsaufwand, behandeln Sie die Fehlerbeseitigung als eigene Geschichte. Der Kunde kann dann sagen, in welcher Iteration der Fehler in Angriff genommen werden soll, – genau wie bei einer anderen Geschichte. Gewöhnlich lohnt es sich, mehrere Fehler zusammenzufassen, um eine Woche Arbeit zu bekommen.

Kurz vor der nächsten Besprechung zur Iterationsplanung sollte der Kunde allen kleinen und unbekannten Fehlern Prioritäten zuweisen und angeben, wie viel ideale Zeit die Entwickler mit der Fehlerbehandlung zubringen sollen. Der Punkt »Kleine Fehler ausmerzen« wird zu einer Geschichte, die in die Iterationsplanung einbezogen wird.

Wir möchten jeden ermutigen, mit Fehlern auf eine rationale Weise umzugehen, um sinnvolle Kompromisse zwischen der Fehlerbehebung und dem Hinzufügen von Features zu erreichen. Grundsätzlich haben alle Projekte in dieser Beziehung unterschiedliche Prioritäten. Wenn die Beseitigung von Fehlern ein absolutes Muss ist, dann erledigen Sie sie als Erstes, indem Sie die erwähnte Vorgehensweise anwenden.

An diesem Punkt eine Gesundheitswarnung: Wir haben diesen Prozess auch noch nicht pur in Aktion ausprobiert. Statt dessen ziehen viele Entwickler dafür ein Team zur Produktionsunterstützung heran.

Das Team zur Produktionsunterstützung

Zwei von vier Entwicklern melden sich für die Fehlerbeseitigung freiwillig. Jeder Programmierer ist für die Dauer einiger Iterationen für die Produktionsunterstützung eingeteilt und wechselt dann wieder zur Entwicklungsabteilung. In jeder Iteration besteht das Team zur Produktionsunterstützung aus mindestens einem Mitarbeiter, der diese Aufgabe zum ersten Mal erfüllt, und einem, der schon einmal dafür eingeteilt war. Jedes Mal übernimmt ein Programmierer die Verantwortung für die Produktionsunterstützung, und diese (manchmal unangenehme) Aufgabe wird nach dem Rotationsprinzip weitergegeben.

Diese Methode funktionierte einigermaßen gut. Doch der Kunde war mit dem Kompromiss, den er mit der Einrichtung einer Produktionsunterstützung eingegangen war, nicht ganz zufrieden. Der Aufwand für die Produktionsunterstützung wurde zu groß – ein zusätzlicher Arbeitseinsatz, der unabhängig von der restlichen Entwicklung geplant wurde. Der Kunde war auf diese Weise nicht wie bei anderen Planungsarbeiten gezwungen, an den bewussten Entscheidungsprozessen selbst teilzunehmen.

Mit kritischen Fehlern umgehen

Es gibt Fehler, die nicht bis zur nächsten Iteration warten können, sondern wirklich sofort oder wenigstens noch in derselben Woche behoben werden müssen. Es lässt sich jedoch nur sehr schwer feststellen, welches wirklich kritische Fehler sind. Nur der Kunde kann diese Frage beantworten. Lassen Sie die Emotionen außen vor und verfahren Sie ähnlich wie bei der Standardmethode: Die Entwickler schätzen die Zeit für die Fehlerbehebung, der Kunde setzt die Prioritäten. Möglicherweise haben die Programmierer noch keine Ahnung, wie lange die Reparatur in Anspruch nehmen wird – dann sollten sie das schnellstens analysieren. Anschließend entscheidet der Kunde, welche Geschichte aus dem aktuellen Plan gestrichen werden soll. Auf diese Weise trifft er einen ausdrücklichen Kompromiss zwischen der Funktion (oder auch anderen Fehlerbehebungen) und der Beseitigung dieses Fehlers. (Gemeinhin fällen Menschen solche Entscheidungen eher willkürlich. Wir haben es aber lieber explizit.)

Kapitel 23

Änderungen am Team

Wie beeinflussen Änderungen am Team Ihre Planungsarbeit?

Kommen

Geben Sie neuen Teammitgliedern ein oder zwei Iterationen Zeit, sich einzugewöhnen. Lassen Sie sie beispielsweise

- im Paar mit erfahreneren Kollegen arbeiten,
- den Code und Testfälle lesen,
- mit Kunden sprechen.

Wir haben nicht erlebt, dass es nötig gewesen wäre, während dieser Orientierungsphase eine Verringerung der Teamgeschwindigkeit anzunehmen. Die Zeit, die dafür verwendet wird, die Fragen der Neuankömmlinge zu beantworten, wird durch die neuen Sichtweisen wieder aufgewogen, die sie alten Problemen gegenüber eröffnen.

Die Methode »Das Wetter von gestern« zeigt Ihnen, wenn Sie Ihre Schätzungen auf die Anwesenheit der neuen Leute abstimmen müssen. Bei einem von Kents Projekten stießen zwei neue Mitglieder zu dem achtköpfigen Team. Im Anschluss daran erlebte man eine katastrophale Iteration, vornehmlich aus dem Grund, weil lang ausstehende Refactoring-Arbeit das Team schließlich eingeholt hatte. Man taufte diese Etappe »die verlorene Iteration« und plante die nächste, als hätte die verlorene Iteration gar nicht stattgefunden. In der folgenden Phase legte man sich auf ein Pensum von 22 Tagen für Geschichten fest und konnte Geschichten im Umfang von 37 Tagen abschließen. Lag es am Refactoring oder an den neuen Leuten? Unmöglich zu sagen, doch das Team hatte neuen Aufwind bekommen und konnte diesen Schwung bisher beibehalten.

Gehen

Haben Sie fünf Programmierer und einer geht, reduzieren Sie Ihre nächste Iteration um 20 Prozent. Mit Hilfe »des Wetters von gestern« werden Sie die neue Geschwindigkeit schon schnell wieder in den Griff bekommen.

Das Team aufteilen

Ward Cunningham spekuliert, dass man in XP die Zahl der Entwickler bis auf 30 oder 40 Mitarbeiter erhöhen kann, wenn man eine erste Version mit einem Team von zehn Personen herausbringt und dieses dann in zwei Teams aufteilt. Jedes Team erhält seine eigene Sequenz von Geschichten vom eigenen Kunden. Diese Fünferteams werden dann auf zehn Personen erweitert. Machen Sie das zwei Mal und Sie haben 40 Mitarbeiter.

Für die Planung in diesem Fall würden wir damit beginnen, dass sich jedes neue Teilteam für die Hälfte der Arbeit verpflichtet, die das Gesamtteam vor der Teilung bewältigt hatte. »Das Wetter von gestern« wird Ihnen dann schnell zeigen, wie viel an teamübergreifendem Arbeitsaufwand Sie einplanen müssen.

Weiterentwicklung

Menschen sind jeden Tag anders. Aus Testern werden Programmierer, aus Programmierern Manager, Manager werfen die Ketten der Unterdrückung ab und werden wieder zu Programmierern. (Ups! Man merkt auf wessen Seite wir stehen!)

XP wird nicht von universell kompatiblen Programmiermaschinen eingesetzt, sondern von Menschen. – und zwar von Menschen, die sich verändern. Was ist, wenn es jemanden langweilt, immer nur zu programmieren? Auf welche Weise könnte sich das Team geschmeidig den Änderungen des Lebensstils anpassen?

Das ist jetzt nur eine Idee, aber wie wäre es, wenn Sie bei der Iterationsplanung neben den technischen Aufgaben auch die Managementaufgaben an das Whiteboard schreiben? Der Projektmanager würde sich normalerweise für die Iterationsverfolgung, den Statusbericht und die Auswahl der Pizza eintragen. Doch falls sich plötzlich mal jemand anderes in Projektmanagement versuchen möchte, könnte er ab und zu auch solche Aufgaben übernehmen. Wenn dann der Projektmanager das Team verlassen müsste, könnte ihn problemlos jemand anderes ersetzen, wenn auch nur vorübergehend. Ebenso könnte der Projektmanager von Zeit zu Zeit eine Programmieraufgabe übernehmen, um mal zu erleben, wie die Dinge von unten betrachtet aussehen.

Kapitel 24

Werkzeuge

»[Die französischen Marschälle] haben ihre Feldzüge so geplant wie eine prachtvolle Rüstung. Sie sieht gut aus und sie schützt einen auch gut, bis sie kaputtgeht; dann aber ist man verloren. Ich hingegen habe meine Feldzüge wie Seile aufgebaut. Wenn etwas schief ging, habe ich einen Knoten geknüpft und weiter gemacht.«
Der Herzog von Wellington

Halten Sie sich an einfache Werkzeuge wie Bleistift, Papier und Wandtafel. Kommunikation ist für eine erfolgreiche Arbeit wichtiger als Firlefanz.

Beim Projektmanagement gilt es zwei Probleme zu lösen:

- Den Überblick über alle Daten behalten
- Die Kommunikation und die persönlichen Beziehungen zwischen den Mitarbeitern aufrechterhalten

Unsere Strategie in Bezug auf Werkzeuge ist in höchstem Maße auf die Aufrechterhaltung der zwischenmenschlichen Kommunikation und der persönlichen Beziehungen zwischen den Mitarbeitern ausgerichtet. Es ist eine sehr viel größere Herausforderung in kleinen bis mittelgroßen Projekten sicherzustellen, dass die Leute ehrlich miteinander reden, als zu berechnen, wie man mit überraschenden Ereignissen in der Zeitplanung umgehen soll – also brauchen wir dafür stärkere Werkzeuge. Und der Gewinner heißt: *Kleine Stückchen Papier.*

Die primäre physische Einheit für die Zeitplanung bei XP-Projekten ist die Karteikarte. Karteikarten sind

- transportabel,
- rechnerunabhängig,
- anschaulich,
- billig (tut uns leid – aber wenn Sie mögen, können Sie uns ja einen Haufen Geld schicken, und Bob Martin besorgt Ihnen dann *richtig* schöne Karteikarten).

Denken Sie dran, die Zielsetzung unserer Planung umfasst:

- Die Entscheidung, ob wir weitermachen,
- Koordination innerhalb des Teams und mit der Umwelt,
- die Messung der Auswirkung von überraschenden Ereignissen,
- Prioritäten setzen.

Keine dieser Aufgaben ist rechnerisch besonders anspruchsvoll. Wir können alles im Kopf ausrechnen und die Ergebnisse dann auf den Kärtchen notieren. Für kompliziertere Berechnungen können wir problemlos ein Tabellenkalkulationsprogramm einsetzen. Mit diesem können Sie dann auch alle möglichen beeindruckenden Berichte und Grafiken erstellen, die teilweise sogar nützlich sind.

Wenn Sie mit einer Tabellenkalkulation arbeiten müssen, vergessen Sie niemals, dass diese Berechnungen nicht so wichtig sind wie Kommunikation und persönliche Beziehungen. »Ich habe noch ein paar wichtige Aufgaben für diese Iteration gefunden, aber ich will nicht all diese Berichte neu schreiben.« Stopp! Hier wedelt wohl der Schwanz mit dem Hund. Es ist viel wichtiger sicherzustellen, dass alle Mitarbeiter die notwendigen Aufgaben für die Iteration verstehen, als auf der Stelle die Berichte perfekt auszufeilen. Notfalls lassen Sie die Tabellenkalkulation einfach weg. Wenn alle verstehen, was getan werden muss, aber die Berechnungen hoffnungslos veraltet sind, ist das erheblich besser, als ein perfektes Protokoll mit falschen Informationen zu haben.

Kapitel 25

Geschäftsbeziehungen

Traditionelle Geschäftsbeziehungen bedürfen einiger kleiner Veränderungen für die Planung und Ausführung eines Projekts mit XP.

Wir wissen, dass wir Ihnen versprochen haben, nur über die Projektplanung zu sprechen, doch selbst die beste Softwareentwicklung der Welt ist angesichts des falschen Vertrags machtlos. Wir behandeln hier kurz drei typische Softwareprojekte und zeigen, welche Auswirkung die XP-Planung auf sie hat:

- Outsourcing
- Interne Entwicklung
- Massenproduktion

Jeder Vertrag, der einen Konflikt zwischen den Interessen des Produzenten und denen des Kunden provoziert, ist heikel. Wenn die Unstimmigkeiten mit steigendem Druck stärker werden, ergeben sich daraus nahezu unüberwindbare Probleme.

Outsourcing

Der typische Outsourcing-Vertrag legt drei der vier bereits eingeführten Variablen fest:[1]

- Umfang
- Zeit
- Kosten

Unglücklicherweise ist es unmöglich, alle vier Variablen festzusetzen. Im Falle eines überraschenden Ereignisses wird sich immer eine der Variablen verändern (deshalb auch der Name »Variable«). Da die Qualität die am schwierigsten zu messende Variable ist, werden Überraschungen meistens durch Qualitätsein-

1. Vielen Dank an Dave Cleal für seine Informationen zu den Feinheiten bei Verträgen mit verhandelbarem Umfang.

bußen abgefangen – ein paar Tests weniger, ein bisschen weniger Design, etwas weniger Kommunikation. Dann ist jeder Versuch zum Scheitern verurteilt, den Plan durch das Eingehen eines Risikos zu retten. Sobald auf Sie eine unbekannte Menge an Arbeit lauert, werden Umsatz, Zeitaufwand und Kosten explodieren.

Das Grundproblem von Verträgen mit genau fest geschriebenem Umfang liegt darin, dass sie zwischen Lieferanten- und Kundeninteressen einen direkten Konflikt auslösen. Kunden wollen für ihr Geld so viel Umfang wie möglich erhalten, während die Entwickler für ihre Einnahmen so wenig wie möglich arbeiten möchten. Solange alles nach Plan läuft, ist dieser Widerspruch nicht unbedingt tragisch. Doch wenn die Überraschungen sich häufen, sieht es für die Vertragserfüllung düster aus.

Besser wäre es, wenn im Vertrag festgelegt würde: »Der Lieferant wird für die Dauer von zwei Monaten mit acht Programmierern für den Kunden arbeiten und dafür 320.000 Euro erhalten. Der Arbeitsumfang wird gemäß den Richtlinien des klassischen Werks *Extreme Programming planen* alle zwei Wochen neu ausgehandelt.« Das ist alles. Einfach aufzusetzen, leicht zu lesen (und es treibt unsere Buchverkäufe in die Höhe).

Aber Moment noch. Der Kunde wird wissen wollen, was er für seine dreihundert Riesen eigentlich bekommt. Natürlich will er das, doch wir können es ihm nicht sagen. Bei der Planung geht es nämlich nicht darum, die Zukunft vorauszusagen. Wir können ihm den anfänglichen großen Plan zeigen. Er kann sich unsere Fortschritte alle zwei Wochen ansehen. Und ohnehin geht der Vertrag erst mal nur über zwei Monate, und das Projekt läuft vermutlich sechs bis acht Monate. Es ist nicht wahrscheinlich, dass Sie nur Schrott abliefern und Dreiviertel des Geldes in die eigene Tasche stecken werden.

Doch warten Sie noch. Der Entwickler möchte wissen, wie die Bedingungen seines Arbeitsverhältnisses für die nächsten sechs Monate aussehen. Nun, dann sorgen Sie eben dafür, Ihren Kunden so glücklich wie möglich zu machen!

Interne Entwicklung

Die interne Entwicklung bietet für XP entsprechende Vor- und Nachteile. Die Vorteile sind:

- Sie brauchen nicht extra einen Vertrag aufzusetzen und müssen auch keine Angst haben, bei Nichterfüllung verklagt zu werden – Sie könnten vielleicht gefeuert werden, aber nicht verklagt. Naja, das ist kein besonders großer Vorteil.

- Sie arbeiten innerhalb derselben Unternehmenskultur. Aller Voraussicht nach haben Geschäfts- und Entwicklungsbereich einige Werte und Mythen gemeinsam (selbst wenn die Rollen der Guten und der Bösen in manchen Fällen gerade umgedreht sind).
- Sie besitzen bereits einen integrierten Schlichter in Person des »Big Boss«. Selbstverständlich ziehen Sie es vor, die Meinungsverschiedenheiten untereinander zu klären, bevor sie so weit eskalieren, doch wenigstens gibt es einen eindeutigen Punkt, wo der Streit beendet werden kann.

Die Nachteile sind:

- Geschäfts- und Entwicklungsbereich haben bereits eine Vorgeschichte, und die Zusammenarbeit wird wahrscheinlich etwas, nun ja, angespannt ausfallen. (Wenn Geschäfts- und Entwicklungsabteilung in voller Harmonie miteinander auskommen, brauchen Sie kein XP, sondern XP braucht Sie!)
- Es ist wahrscheinlich, dass Sie mehr als einen Kunden zu betreuen haben. All Ihre Energie kann schon allein für die Bewältigung der Prioritätskonflikte draufgehen.

  Das größte Problem bei der internen Entwicklung besteht darin, den Kunden zu finden. Die beste Kundin, die Kent je erlebt hat, begegnete ihm bei einem Projekt für ein Kundendienstsystem. Sie hatte unter dem alten System bereits mehrere Jahre damit verbracht, die Post zu bearbeiten und Telefonanrufe zu beantworten. Danach stand Sie drei Jahre lang anderen Führungskräften vor. Durch diese Erfahrung besaß Sie umfassende Kenntnisse vom vorhandenen System und wusste, welche Schwachstellen es hatte, wo voraussichtlich Fehler gemacht werden könnten oder wo ausführlichere Information nötig war. Weiterhin scheute sie sich nicht davor, Entscheidungen zu treffen, war aber auch so gewissenhaft, diese hinterher noch einmal zu überprüfen.

Optimal wäre es, wenn Sie eine einzige Person finden, welche die Geschäftsabteilung überzeugend vertreten kann. Dieser Mensch benötigt:

- Erfahrung
- Kontakte
- Eine Vision
- Mut

Wenn Sie keine Einzelperson finden, die die Rolle des Kunden übernimmt, müssen Sie ein Kunden-Komitee aufstellen. Dieses Komitee muss eindeutige Entscheidungen treffen können. Bestehen Sie darauf, dass die Komitee-Mitglieder sich zusammensetzen und über die Prioritäten diskutieren. In einem Fall mussten wir zusehen, wie sich ein Team in einem Jahr aus Helden der Wirtschaft in eine Herde Esel verwandelte, weil zwei seiner Kunden grundverschiedene Meinungen in Bezug auf die Prioritäten hatten. Sie machten ihre Meinungsverschiedenheiten nie deutlich und unternahmen auch nichts, um sie zu beheben.

Wenn Ihre Kunden nicht zusammenarbeiten können, um über die Geschichten für Versionen und Iterationen zu entscheiden, probieren Sie es mit einem Trick von Dave Cleal: Geben Sie jedem Kunden ein eigenes Budget. Sagen wir, Sie haben gemessen, dass Ihr Team in jeder Iteration Geschichten im Umfang von acht idealen Wochen abschließen kann. Geben Sie dann Ihrer Verkaufsabteilung und der Verwaltung jeweils drei Wochen Arbeit zum Verteilen. Beide Kunden müssen bei allen Besprechung zur Versions- oder Iterationsplanung anwesend sein und beide sind verpflichtet, während des gesamten Entwicklungszeitraums für die Beantwortung von Fragen zur Verfügung zu stehen.

Massenproduktion

Wie planen Sie, wenn Sie nicht nur einen Kunden haben, sondern Hunderte, Tausende, Millionen, Milliarden und Billionen von Kunden? XP setzt doch voraus, dass der Kunde nur mit einer Stimme spricht.

Diese Sprecherrolle wird oft »Produktmanager« genannt. Der Produktmanager hält Kontakt zu verschiedenen Interessengruppen:

- Verkaufsabteilung
- Marketing
- Kundenservice
- Kunden

Der Produktmanager fügt die einzelnen Geschichten zusammen, erhält Schätzungen von der Entwicklungsabteilung, setzt relative Prioritäten für die Aufgaben und ist Ansprechpartner für die Entwickler bei den Besprechungen zur Iterations- und Versionsplanung. Der springende Punkt liegt darin, dass der Entwicklungsbereich von seiner Verantwortung für die Konfliktbewältigung entbunden ist. Wenn Sie nur zwei von drei Kunden sofort zufrieden stellen können, ist der Produktmanager derjenige, der entscheidet, welche der Kunden umgehend ihre Streicheleinheiten empfangen dürfen und wer noch eine Zeitlang beleidigt sein wird.

Kent hat ein Projekt, bei dem es sechs Produktmanager gibt. Einer fungiert als gesamtverantwortlicher Produktmanager, während die anderen fünf jeweils die Verantwortung für einen Teil des Gesamtprodukts übernehmen. In einem geheimnisvollen Prozess, der für die Entwicklungsabteilung völlig unsichtbar bleibt, handeln sie Iteration für Iteration ihre relativen Prioritäten aus. Bei den Planungsbesprechungen sind sie dann in der Lage, ihre Geschichten quasi mit einer Stimme vorzutragen.

Kapitel 26

Warnsignale

In diesem Kapitel beschreiben wir einige riskante Situationen, die uns mehr als ein Mal begegnet sind, sowie Lösungsvorschläge, die wir gerne darauf angewandt hätten.

Kent besitzt einen Koffer auf Rollen, dessen Räder zu eng nebeneinander angebracht sind. Wenn er damit rennt, um seinen Flug zu erwischen, fängt der Koffer an zu ruckeln. Versucht er, über den Handgriff stärkeren Druck auszuüben, wird das Wackeln noch schlimmer. Schließlich fällt das dumme Ding einfach um.

Die Lösung wäre natürlich, einen neuen Koffer zu kaufen, dessen Rollen im richtigen Abstand angebracht sind. Das wäre jetzt aber keine besonders lehrreiche Geschichte. Die Lösung für Kent besteht darin, langsamer zu rollen, bis das Wackeln des Koffer wieder aufhört. Es ist eigentlich egal, mit wie viel Verspätung man versucht, das Flugzeug zu erreichen – wenn der Koffer umfällt, kommt man noch später an.

Es folgen ein paar »wackelige« Situationen – Anzeichen für Probleme bei der Planung – und unsere Maßnahmen, wenn wir sie bemerken. Das Grundprinzip bei allen Lösungen ist mehr oder weniger »langsamer zu werden, bis man die Kontrolle wiedererlangt, und das Tempo dann wieder zu erhöhen«.

- Fehlende Schätzungen
- Kunden treffen keine Entscheidungen
- Fehlerberichte
- Halbe Sachen
- Fehlerhafte Entwicklungsstufen
- Kunden sorgen nicht für die Fertigstellung

Fehlende Schätzungen

Wenn Sie am Ende jeder Iteration die Hälfte aller Geschichten verwerfen müssen, ist irgendetwas wirklich im Argen. In jeder Iteration kann es dramatische Momente geben, doch beim Abschluss sollte eigentlich alles glatt gehen. Vielleicht wissen Sie am zweiten Dienstag noch nicht, ob Sie es schaffen werden, doch wenn Freitag Mittag die Pizza kommt und Sie den Startknopf für die Akzeptanztests drücken, sollten alle zuversichtlich sein, dass es klappt.

Nehmen Sie sich zu viel vor? Kent hatte mal ein Projekt, wo die Programmierer ein derart schlechtes Gewissen hatten, dass sie bei den Schätzungen immer aufrundeten. »Wir haben in der letzten Iteration 38 Tage mit 4 Leuten geschafft, also sagen wir 10 Tage pro Person. Jetzt haben wir einen Mitarbeiter mehr, das macht also 50.« Bei jeder Iteration blieben sie ein bisschen hinter dem Plan zurück, doch schwerwiegender war, dass sie beim Testen und Refactoring in Rückstand gerieten, bis schließlich die ganze Iteration platzte. Im Endeffekt konnten sie lediglich Arbeit im Wert von 1 (einem) Tag beim Kunden abliefern. Das war endlich der Appell, nach der Methode »Das Wetter von gestern« zu planen.

Hinken Sie beim Testen und Refactoring hinterher? Dann wird die Ausbesserung von Programmierfehlern bald immer mehr von Ihrer Zeit in Anspruch nehmen, jedoch zu einem unkalkulierbaren Prozentsatz. Die einzige Lösung, die wir für dieses Problem gefunden haben, besteht wieder darin – vorübergehend – das Tempo zu drosseln, die fehlenden Tests zu schreiben und etwas mehr Refactoring durchzuführen. Nach ein paar Iterationen sollte Ihre Geschwindigkeit dann wieder ansteigen.

Sind Sie der Versuchung erlegen, Ihre Schätzungen zu kürzen? Programmierer können sich leicht schuldig fühlen, wenn der Kunde enttäuscht ist, und dieses Schuldgefühl äußert sich dann in kürzeren Schätzungen – nicht aus technischen Gründen, sondern weil man will, dass der Kunde glücklich ist (oder wenigstens aufhört, einen zu nerven). Das funktioniert nicht. Tun Sie es nicht! Wenn Programmierer Schätzungen abgeben, lassen Sie sie Vergleiche zu anderen Arbeiten ziehen, damit die Schätzungen vergleichbar werden. »Wir haben zwei neue Berichte. Beide haben ungefähr den gleichen Umfang wie der Dingsbums-Bericht aus der letzten Iteration, für den wir eine Woche gebraucht haben. Veranschlagen wir also für jeden Bericht eine Woche.«

Kunden treffen keine Entscheidungen

Manchmal weigern sich Kunden ganz einfach, Entscheidungen zu treffen. Sie wählen keine Geschichten für Iterationen aus, spezifizieren keine Akzeptanztests, wollen keine Nachfragen über den Arbeitsumfang beantworten.

Extreme Programming kann nicht funktionieren, wenn der Kunde nicht entscheidungsfähig ist. Die Kunden müssen ja nicht unbedingt bei einmal getroffenen Entscheidungen bleiben. Sie haben durchaus das Recht, ihre Meinung zu ändern. Doch diese Entscheidungen müssen getroffen werden, und zwar durch jemanden mit Unternehmensperspektive.

Sam Gentile berichtet von einem Projekt, wo der Chef des Kunden den XP-Vertrag vereinbart hatte. Als das Team zu dem Unternehmen kam und mit der Sondierung begann, war der Kunde ziemlich aufgebracht. »Ich habe Sie engagiert, damit Sie für mich die Analyse vornehmen, nicht damit ich sie selber machen muss. Tun Sie Ihre Arbeit. Ich bin beschäftigt, also stellen Sie mir keine Fragen.« Glücklicherweise besaß das Team die Weisheit, das Vertragsverhältnis an diesem Punkt zu beenden.

Finden Sie heraus, warum der Kunde keine Entscheidungen treffen will. Wenn seine Prioritäten anderswo liegen, hat möglicherweise das ganze Projekt keinen Sinn. Wenn er Angst hat, öffentlich Fehler zu machen, können Sie ihn damit beruhigen, dass er immer die Chance haben wird, eventuelle Fehler in der nächsten Iteration zu korrigieren.

Fehlerberichte

Durch die Komponenten- und die Akzeptanztests sollte die von einem XP-Team produzierte Software bemerkenswert fehlerfrei laufen. Es wird wahrscheinlich reihenweise Erweiterungswünsche geben, doch das Programm sollte den Vorgaben entsprechend funktionieren.

Wenn Sie Fehlerberichte in einem solchen Ausmaß erhalten, dass die Entwicklung dadurch gestört wird, drosseln Sie Ihre Geschwindigkeit, bis keine Berichte mehr kommen. Setzen Sie ein Team daran, alle Fehler zu überprüfen, um herauszufinden, wo sie jeweils auftraten und mit welchem Komponententests man sie hätte aufspüren können. Geben Sie danach die Ergebnisse an das Team weiter.

Manchmal kann eine bestimmte Klasse von Fehlern eine Änderung zur Folge haben. »Sechs Fehler treten auf, wenn wir Netscape laufen lassen. Wir müssen ein Browser-Objekt entwickeln, um dieses browserspezifische Problem zu isolieren.«

Halbe Sachen

Es ist sehr verlockend, die Entwicklung abzubrechen, wenn die Situation ungemütlich wird. Wir entwickeln einen Web-Server und haben alle Tests, doch wir lassen sie immer nur auf unserem Netzwerk laufen. Also raus ins nächste Internet-Café, einen Rechner mieten, der mit dem Internet verbunden ist, und versuchen, den Server zu erreichen. Wenn das nicht geht, weil unser Proxy-Server nicht konfiguriert ist, um bla bla bla – dann machen Sie nicht weiter, bevor es funktioniert. Jede dunkle Ecke, die Sie noch nicht mit der Taschenlampe durchleuchtet haben, steckt voller kleiner Fehler.

Fehlerhafte Entwicklungsstufen

Wenn die acht bis zehn Integrationen, die Sie täglich durchführen, problemlos laufen, Sie jedoch Schwierigkeiten bekommen, wenn Sie die Software für die Produktion vorbereiten wollen, müssen Sie Ihre Integrationsbedingungen verändern, damit sie den Produktionsbedingungen ähnlicher werden. Die Ergebnisse, die Ihnen die kleinen Integrationen liefern, helfen nicht bei der Planung, wenn Sie nicht wissen, wie weit Sie wirklich gekommen sind.

Kunden sorgen nicht für die Fertigstellung

Ein Problem, dass wir bei XP beobachtet haben, ist der Kunde, der sozusagen von Blüte zu Blüte hüpft – von hier ein paar Geschichten, ein paar von dort. Die Programmierer rasen durch die Entwicklung, erfüllen ihre Schätzungen, produzieren fabelhafte Abstraktionen beim Refactoring, testen wie verrückt. Und dann wird das Projekt eines Tages abgebrochen, weil man nichts zum Abschluss bringen konnte.

Stellen Sie Versionspläne für drei bis vier Monate auf, die der Kunde seinen Vorgesetzten präsentieren soll. Überprüft jemand das Ergebnis dieser Pläne, wenn der Abschlusstermin näher rückt? Die »Großen Tiere« haben durchaus eine Funktion – nutzen Sie sie! Oberste Chefs sind oftmals gut in der Lage, Diskrepanzen am Ende des Quartals zu erkennen: »Ich glaube ja, dass all dieses Internet-Zeug sehr aufregend ist, aber wenn wir uns nicht auf diesen Bericht für die US-Notenbank vorbereiten, können wir einpacken.«

Kapitel 27

Ihr eigener Prozess

XP-Projekte laufen niemals genau gleich ab. Wenn Sie erst einmal mit dem Grundprozess vertraut sind, können Sie ihn Ihren momentanen Bedürfnissen entsprechend anpassen.

Dieses Buch ist sehr normativ. Wir haben Ihnen vorgeschrieben, was Sie tun sollen, um Ihr Softwareprojekt zu planen. Letztendlich müssen Sie jedoch einen eigenen Plan aufstellen und Ihre eigene Planung durchführen.

Um XP an Ihre individuelle Situation anzupassen, können Sie sich beispielsweise diejenigen Elemente herauspicken, die sinnvoll sind, und sie mit dem mischen, was Sie in Ihrer Arbeit bereits anwenden. Das Problem bei diesem Mischmasch besteht darin, dass in XP die einzelnen Bestandteile dazu gedacht sind, sich gegenseitig zu ergänzen. Wenn der Projektmanager die Aufgaben schätzt und sie dann auf die Programmierer verteilt, bekommen die Entwickler nicht dasselbe Verantwortungsbewusstsein, wie wenn sie die Aufgabengliederungen und Schätzungen selbst gemacht hätten.

Dies ist eine alternative Strategie: Gehen Sie bei der XP-Planung »nach dem Buch« vor. Durchlaufen Sie einige Iterationen. Schauen Sie sich dann an, welche Probleme Sie haben, und experimentieren Sie in jeder Iteration.

- Wir werden nicht rechtzeitig fertig. Versuchen wir es einen Monat mal mit einwöchigen Iterationen!
- Lassen wir den Kunden die Aufgaben abhaken!
- Notieren wir Ziele fürs Refactoring auf dem Whiteboard!
- Erstellen wir Grafiken, die unsere Leistung darstellen!

Nehmen Sie sich in jeder Iteration ein oder zwei Stunden Zeit, um die vorherigen Experimente und Ergebnisse durchzugehen und sich neue auszudenken. Wenn Sie beispielsweise die Knopfdruck-Zeremonie für die Akzeptanztests am letzten Freitagmittag der Iteration zelebrieren, können Sie den Rest des Tages damit verbringen, über Ihren Prozess zu sprechen.

Diejenigen Unternehmen, bei denen XP optimal etabliert werden konnte, waren solche, die mit einfachen Elementen anfingen und die Methode dann nach und nach weiterentwickelten. Einige der Änderungen erscheinen auf den ersten Blick ziemlich radikal. Doch wenn das Team dann die Beweggründe für die neuartige Vorgehensweise darlegt, ergeben sie Sinn.

Das Schöne an einem iterativen Prozess mit kurzen Iterationen und vielen Daten liegt darin, dass Sie viel mehr Experimente durchführen und Ergebnisse viel besser messen können, als das sonst möglich wäre. Profitieren Sie von Ihren Daten! Spielen Sie mit Ihrem Prozess!

Die XP-Reihe

Kent Beck, technischer Berater der Buchreihe

Extreme Programming, das gemeinhin als XP bekannt ist, befasst sich mit der Geschäfts- und Softwareentwicklung und versucht, die Kunden und die Programmierer auf dasselbe Ziel auszurichten. XP-Teams erzeugen mit einer tragbaren Geschwindigkeit qualitativ hochwertige Software. Die Praktiken, die in ein XP-Lehrbuch gehören, gehen insbesondere auf die Auswirkungen auf die menschliche Kreativität und die menschlichen Schwächen ein.

Obwohl XP oft schlicht als eine Liste von Verhaltensweisen dargestellt wird, entspricht XP keinem angestrebten Ziel. Sie bekommen keine immer besseren Noten für Ihre Umsetzung von XP, bis Sie schließlich den lang ersehnten Ritterschlag erhalten. XP ist nur ein Anfang und stellt die folgende Frage in den Mittelpunkt: »Mit wie wenig Aufwand können wir noch hervorragende Software erstellen?«

Die Antwort auf diese Frage beginnt damit, dass wir die wenigen vorgeschlagenen Praktiken komplett in die Tat umsetzen müssen, wenn uns daran gelegen ist, die Softwareentwicklung auch weiterhin systematisch durchzuführen. Halbherzige Maßnahmen lassen Probleme zurück, die dann mit weiteren halbherzigen Aktionen gelöst werden müssen. Schließlich sind Sie von so vielen Halbherzigkeiten umgeben, dass Sie nicht mehr wahrnehmen, dass das Fundament eines qualitativ hochwertigen Programmierergebnisses die Programmierung als solches ist.

Ich sage, »Die Antwort auf diese Frage beginnt ...«, weil es keine endgültige Antwort gibt. Die Autoren der Bücher der XP-Reihe haben dieses und jenes gemacht und sich dann wieder dem Erzählen ihrer Geschichte zugewandt. Die Bücher in dieser Reihe sind die Straßenschilder, die sie entlang des Weges aufgestellt haben: »Vorsicht, Drachen!«, »Naturschutzgebiet in 15 km«, »Bei Nässe Rutschgefahr«.

Entschuldigen Sie mich bitte, ich muss wieder programmieren.

Die Bücher

Kent Beck: Extreme Programming (ISBN 3-8273-1709-6)

Kent Beck, Martin Fowler: Extreme Programming planen
(ISBN 3-8273-1832-7)

Jeffries/Anderson/Hendrickson: Extreme Programming Installed
(ISBN 3-8273-1818-1, erscheint im Juni 2001)

Weitere Informationen finden Sie auf der Web-Site zur Buchreihe unter der Adresse `http://cseng.aw.com/catalog/series/`.

Stichwortverzeichnis